**Hannah Arendt:
pensadora da crise
e de um novo início**

Eduardo Jardim

Hannah Arendt: pensadora da crise e de um novo início

CIVILIZAÇÃO BRASILEIRA

Rio de Janeiro
2011

Copyright © 2011, Eduardo Jardim

PROJETO GRÁFICO DE MIOLO
Evelyn Grumach e João de Souza Leite

DIAGRAMAÇÃO DE MIOLO
Editoriarte

CIP-BRASIL. CATALOGAÇÃO-NA-FONTE
SINDICATO NACIONAL DOS EDITORES DE LIVROS, RJ

J42h
Jardim, Eduardo, 1948-
Hannah Arendt : pensadora da crise e de um novo início / Eduardo Jardim. — Rio de Janeiro : Civilização Brasileira, 2011.
160 p.

Inclui bibliografia
ISBN 978-85-200-1059-4

1. Arendt, Hannah, 1906-1975 — Crítica e interpretação. 2. Filosofia alemã — Século XX. I. Título.

11-5362.
CDD: 193
CDU: 1(43)

EDITORA AFILIADA

Todos os direitos reservados. Proibida a reprodução, armazenamento ou transmissão de partes deste livro, através de quaisquer meios, sem prévia autorização por escrito.

Este livro foi revisado segundo o novo Acordo Ortográfico da Língua Portuguesa.

Direitos desta edição adquiridos pela
EDITORA CIVILIZAÇÃO BRASILEIRA
Um selo da
EDITORA JOSÉ OLYMPIO LTDA.
Rua Argentina, 171 — Rio de Janeiro, RJ — 20921-380 Tel.: 2585-2000

Seja um leitor preferencial Record.
Cadastre-se e receba informações sobre nossos lançamentos e nossas promoções.

Atendimento e venda direta ao leitor:
mdireto@record.com.br ou (21) 2585-2002

Impresso no Brasil
2011

A Marcelo Jasmin,
com amizade

Sumário

INTRODUÇÃO 9

CAPÍTULO I
O totalitarismo e a crise da autoridade 13

CAPÍTULO II
Política 63

CAPÍTULO III
A vida do espírito 101

CONCLUSÃO 151
REFERÊNCIAS BIBLIOGRÁFICAS 155

Introdução

Este livro apresenta, em três etapas, o pensamento de Hannah Arendt, desde a elaboração de *Origens do totalitarismo* até a teoria do juízo, que deveria ocupar a última parte da obra inacabada *A vida do espírito*. Serão abordados os escritos mais relevantes para explicitar o nexo entre as diversas direções do seu percurso intelectual. Ocupo-me inicialmente da pesquisa sobre o totalitarismo — da qual resultou o livro publicado em 1951 — e do retrato da Era Moderna, com suas várias rupturas, que possibilitaram o surgimento dos regimes nazista e estalinista.

Hannah Arendt iniciou a investigação em 1943, ao tomar conhecimento dos campos de concentração nazistas. Naquele momento, ela observou, com perplexidade, que as categorias conhecidas da teoria política eram insuficientes para dar conta da terrível novidade. Isto a levou a explorar novas abordagens do perturbador cenário político contemporâneo. O esforço de pensamento realizado ao longo dos anos 1940 representou para Hannah Arendt, também, a possibilidade de reconciliar-se com o mundo, cuja estranheza ela experimentara nos anos de exílio, desde 1933.

Origens do totalitarismo é considerado um clássico do pensamento político do século XX. O livro reúne uma quantidade impressionante de informações históricas e, em um procedimento adotado frequentemente pela autora, recorre, em sua concepção, a várias fontes literárias. Foi também no ano de 1951 que Hannah Arendt deixou de ser apátrida, ao obter a cidadania americana. Naquele ano, teve início o período em que ela escreveu três de suas obras mais importantes — *A condição humana* (1958), *Entre o passado e o futuro* (1961) e *Sobre a revolução* (1963).

Hannah Arendt afirmou que os regimes totalitários nazista e estalinista não foram formas exacerbadas de autoritarismo. Sua pesquisa mostrou que a situação política na Alemanha de Hitler e na União Soviética de Stalin foi condicionada pela ruína das instituições políticas tradicionais que sustentavam a autoridade política. Nos anos que se seguiram à publicação do livro, seu campo de investigação foi ampliado, de modo a permitir a visualização do contexto histórico em que ocorreu a crise da autoridade. Resultou dessa ampliação um retrato da história moderna, que se inicia no século XVII.

A Era Moderna foi marcada por várias rupturas que a fizeram diferente de tudo que ocorrera antes na história do Ocidente. A crise da religião e da tradição do pensamento antecedeu a falência dos sistemas políticos no século XX. A avaliação de Hannah Arendt do período moderno tem afinidade com a de outros autores da primeira metade do século XX. Sublinhei, em particular, a importância das ideias de Heidegger na condução de suas investigações históricas.

O primeiro capítulo deste livro vê Hannah Arendt como pensadora da crise. No entanto, assim como Nietzsche, que foi um filósofo crítico e ao mesmo tempo afirmador, que co-

INTRODUÇÃO

memorava a morte dos antigos valores e sentia-se iluminado por uma nova aurora, Hannah Arendt foi, também, a pensadora de um novo início.

Os dois capítulos seguintes ocupam-se da teoria política e da reflexão sobre a vida do espírito, que comporta as atividades de pensar, querer e julgar. Ao apresentar a visão de Hannah Arendt da política, segui sua sugestão de começar pelo questionamento do preconceito atual contra tudo que é de natureza pública e plural. Para a filósofa, seria ingênuo e inoportuno proceder de outro modo. O descrédito da política na atualidade deveria ser o primeiro ponto a ser tratado em uma abordagem teórica do assunto. O tom veemente e cheio de entusiasmo de muitos escritos de Hannah Arendt — já notado por tantos leitores — destaca-se no tratamento dos temas políticos. O comentário sobre a desconfiança da política na contemporaneidade, o exame da tradição do pensamento político e o relato da história das revoluções modernas são apresentados no segundo capítulo deste livro. Também é considerada a teoria da ação, sobre a qual se baseia a noção de política. A tese de que a ação é uma atividade que não se confunde com nenhuma outra ocupa o centro da argumentação de *A condição humana* — o livro de Hannah Arendt mais influente.[1]

Por último, o livro acompanha a reflexão de Hannah Arendt sobre o vínculo de complementaridade das atividades espirituais de pensar e de julgar, presente em *A vida do espírito*. O interesse de Hannah Arendt pelo tema surgiu durante o

---

[1] Autores com orientações muito diversas, como Jürgen Habermas e Giorgio Agamben, se inspiraram nele. Cf. Habermas, "O conceito de poder de Hannah Arendt", in *Habermas*, São Paulo, Ática, 1980; Agamben, *Homo sacer*.

julgamento de Eichmann, em Jerusalém, que ela presenciou. A hipótese levantada naquele momento diz respeito à existência de uma relação entre a incapacidade de pensar de Eichmann, notada em suas reações, e o fato de ter cometido os crimes de que era acusado. No curso da investigação, Hannah Arendt foi levada a ocupar-se do complexo problema do mal, cuja definição desafiou os filósofos desde a Antiguidade. Também indagou se a relação entre a ausência de pensamento e fazer o mal não envolveria a incapacidade de julgar, a atividade espiritual que toma as coisas e os eventos como entidades singulares. Hannah Arendt entendeu que o juízo poderia ser a mediação que possibilita ao sujeito pensante retornar ao mundo concreto, a morada habitual dos homens.

Nem todas essas questões foram respondidas por Hannah Arendt, pois ela morreu na ocasião em que as estava formulando. Por esta razão, a interpretação proposta no final deste livro não é conclusiva. Mas não seria da natureza da atividade de pensar percorrer uma trilha sem um término definido? Não consistiria nisso sua liberdade?

Uma investigação sobre a obra de Hannah Arendt não pode prescindir de fazer referência à sua vida. A atividade de pensar é uma resposta às experiências de cada dia e formula uma interrogação sobre o seu significado. No caso de Hannah Arendt, que viveu desde muito cedo a paixão de compreender, são muito nítidas em seus escritos as marcas de sua vivência e do seu tempo. Seria trair seu modo de pensar não levar em consideração os aspectos biográficos. Procurei corresponder a essa exigência com a inclusão, no primeiro capítulo, de um resumo de sua vida, e ao longo do livro indiquei as circunstâncias em que seus textos foram redigidos.

CAPÍTULO I # O totalitarismo e
a crise da autoridade

"Que sentimento de liberdade se pode sentir, como sentimos nós, espíritos libertos, no fato de **não** estarmos atrelados a um sistema de 'fins'!"

F. Nietzsche

A importância das obras dos grandes pensadores — inclusive daqueles que se interrogaram sobre o que é a política — vai muito além dos limites do tempo e do ambiente em que foram escritas. Até por esse motivo, muitas delas são chamadas de "clássicas", pois continuaram a impressionar os leitores de todas as épocas e a motivar novas indagações. Por outro lado, também é verdade que elas não podem ser compreendidas sem que se considere o contexto em que surgiram, no qual suas motivações estão localizadas.

Isto se deu desde a primeira interpretação filosófica da política feita por Platão. A noção de autoridade política concebida por ele e a proposta de instituição de um Estado governado pelo rei-filósofo foram retomadas em vários outros momentos da história. No entanto, o significado dessas concepções só pode ser avaliado se elas forem vistas como a expressão da reação do filósofo aos acontecimentos traumáticos do julgamento, da condenação e da morte de seu mestre, Sócrates, na Atenas democrática. Como entender a figura do rei-filósofo, dotado de toda a autoridade, em *A República*, sem a referência a esse contexto?

O mesmo ocorre com as obras de outros grandes autores, como Maquiavel, Thomas Hobbes e, também, Hannah Arendt. É impossível avaliar a importância do impressionante realismo de *O príncipe*, de Maquiavel, sem imaginar a situação da Itália fragmentada, no início do século XVI, quando diversos Estados disputavam entre si uma posição hegemônica, e para isso recorriam ao auxílio do papa e dos monarcas estrangeiros. Já a figura do Leviatã retratada na obra de Hobbes, um século mais tarde, destaca-se no cenário das guerras religiosas que sacudiam, naquele momento, a Inglaterra e a França — país onde o filósofo se refugiou e escreveu seu livro mais importante.

Os escritos de Hannah Arendt que serão comentados neste livro constituem um testemunho muito vívido dos principais eventos políticos do conturbado século XX. Por esse motivo, alguns dados da sua biografia serão o ponto de partida para a apresentação do seu pensamento, procedimento adotado, aliás, por ela própria, na ocasião em que abordou em público suas ideias.[2]

---

[2] O mais importante depoimento a este respeito foi dado por Hannah Arendt a Günter Gaus em 1964. "Só permanece a língua materna". Cf. Hannah Arendt, *A dignidade da política*.

PEQUENA BIOGRAFIA

Hannah Arendt nasceu em Hannover, na Alemanha, em 1906. Sua família era originária de Königsberg, na Prússia Oriental, cidade onde passou a infância, em um meio culto de profissionais liberais judeus. Seu pai morreu quando ela era ainda muito jovem, o que fez com que mantivesse ao longo da vida um contato muito próximo e, por vezes, tenso com a mãe. Quando criança, segundo seu depoimento, não sentiu qualquer dificuldade em seu ambiente pelo fato de ser judia. Muito cedo se interessou por filosofia (leu Kant de forma apaixonada na adolescência), por teologia e por literatura grega.

De 1924 a 1929, frequentou a universidade em Marburgo, inicialmente, onde conheceu Martin Heidegger, então jovem professor, com quem iniciou uma relação que durou toda a vida, com momentos de maior proximidade e outros de crítica a distância. Em artigo comemorativo dos 80 anos de Heidegger, em 1971, Hannah Arendt referiu-se a ele como "o rei oculto do pensamento".[3] Kant e Heidegger foram as principais referências filosóficas na sua formação.

Hannah Arendt continuou os estudos de filosofia em Heidelberg, com Karl Jaspers. Sob sua orientação, preparou a tese de doutorado *O conceito de amor em Agostinho*. Manteve com Jaspers uma amizade marcada de grande respeito, que se renovou em muitos encontros e em volumosa correspondência, até a morte dele, em 1969.

---

[3] "Martin Heidegger faz oitenta anos". Cf. Hannah Arendt, *Homens em tempos sombrios*.

No início dos anos 1930, Hannah Arendt escreveu a biografia de Rahel Varnhagen, personagem dos salões intelectuais de Berlim do início do século XIX. Nesse estudo, pela primeira vez, ocupou-se com a história do judaísmo, ao tratar do tema da assimilação. Na época, morou em Berlim, casada com o primeiro marido, e participou de atividades políticas ligadas ao movimento sionista. Em 1933 foi presa e escapou para a França, onde viveu até 1941.

Em Paris, Hannah Arendt conheceu seu segundo marido — Heinrich Blücher — e manteve amizade com outros refugiados que viviam na cidade, entre eles Walter Benjamin. Em 1941, após escapar de um campo de refugiados no sul da França, conseguiu chegar a Nova York, onde se instalou definitivamente.

Nos anos seguintes da chegada aos Estados Unidos, Hannah Arendt acompanhou o desdobramento da guerra na Europa. Em 1943, sua vida e trajetória intelectual foram alteradas de forma dramática, ao tomar conhecimento da existência do campo de concentração de Auschwitz. Em uma entrevista à TV alemã, em 1964, ela referiu-se àquele momento: "Foi na verdade como se um abismo se abrisse diante de nós, porque tínhamos imaginado que todo o resto iria de alguma maneira se ajeitar, como sempre pode acontecer na política. Mas dessa vez não. Isso jamais poderia ter acontecido."[4]

O desafio de transpor esse abismo pelo pensamento, por meio de um esforço de compreensão, resultou na elaboração de *Origens do totalitarismo*. O livro — um exame detalhado

---

[4] "Só permanece a língua materna". Cf. Hannah Arendt, *A dignidade da política*, p. 135.

e extremamente inovador dos regimes totalitários nazista e estalinista (em menor medida) — teve sucesso imediato e é considerado um marco no pensamento político.

Ao longo dos anos 1950 e na primeira metade dos anos 1960, Hannah Arendt publicou a parte mais importante de sua obra. *A condição humana* apresenta as bases conceituais de sua reflexão sobre a *vita activa*, especialmente sobre a ação política, e é sua mais destacada contribuição, do ponto de vista filosófico. O livro contém uma fenomenologia das atividades humanas do labor, do trabalho e da ação.[5] Sua tese principal é de que essas três atividades, mesmo interligadas, obedecem a critérios próprios, devendo, por isso, ser compreendidas cada uma em si mesma. Isto era decisivo para Hannah Arendt, já que ela pretendia dar conta do estatuto próprio da ação — a matéria de que é feita a vida política.

Os ensaios coligidos em *Entre o passado e o futuro* consideram criticamente os aspectos centrais da vida do século XX — a crise da tradição e da autoridade política, o conceito de história, a situação da cultura e da educação e o acelerado desenvolvimento da técnica e da ciência. Foi o livro escolhido pela autora para introduzir sua obra no Brasil, em 1972.[6] Ao mesmo tempo, dedicou-se ao estudo da história das duas grandes revoluções modernas — a francesa e a americana — em *Sobre a revolução*. O livro antecipou em muitos pontos a revisão do significado da Revolução Francesa e su-

---

[5] Mantive a tradução corrente de labor, trabalho e ação para as expressões inglesas *labor*, *work* e *action*. A edição revista de *A condição humana* adotou: trabalho, obra e ação.
[6] Cf. Lafer, "Reflexões de um antigo aluno de Hannah Arendt sobre o conteúdo, a recepção e o legado de sua obra", in *Hannah Arendt: Diálogos, reflexões, memórias*.

blinhou o aspecto eminentemente político da experiência americana.

Também nesses anos, Hannah Arendt participou dos debates que agitaram o cenário político e envolveu-se na polêmica em torno do livro *Eichmann em Jerusalém*, com o que ganhou notoriedade. Em pauta, basicamente, estava o significado do subtítulo do livro — *Um relato sobre a banalidade do mal*. O livro reúne a série de reportagens feitas por Hannah Arendt sobre o julgamento de Adolf Eichmann em Israel, em 1960. Ainda no mesmo período, Hannah Arendt homenageou seu mestre e amigo Karl Jaspers com uma *Laudatio*, mais tarde incluída no livro *Homens em tempos sombrios*.

Ao longo dos anos 1960 foram publicadas as intervenções no debate político. *Sobre a violência* — uma das mais importantes contribuições para a compreensão da situação política e intelectual da época — questiona a relevância política da ação violenta. Os ensaios de *Crises da república*, como "A mentira na política" e "Desobediência civil", foram motivados pela situação política norte-americana.

Os anos 1970 foram dedicados à releitura dos clássicos da filosofia e à composição de *A vida do espírito*, a última obra, inacabada, em que seriam examinadas as atividades do pensar, do querer e do julgar, e que deveria ser o complemento do estudo feito sobre a *vita activa*. A primeira parte do livro, dedicada ao pensamento, pretende responder a duas questões que sempre ocuparam os filósofos — "o que nos faz pensar?" e "onde estamos quando pensamos?". A segunda parte, chamada "o querer", percorre a história da filosofia para reconstruir as complexas discussões sobre o tema da vontade. Antes de morrer, em 1975, Hannah Arendt pesquisava a obra de Kant, onde esperava encontrar subsídios para elaborar uma teoria do juízo, que deveria constituir a terceira parte de *A vida do espírito*.

O PONTO DE PARTIDA

O ano de 1943 foi decisivo na trajetória de vida de Hannah Arendt. O choque por que passou ao tomar conhecimento da existência dos campos de extermínio nazistas constituiu o ponto de partida e a motivação de toda a sua obra. *Origens do totalitarismo*, escrito nos anos seguintes, representou para a autora a única saída para lidar com essa experiência traumática. Pouco depois do lançamento do livro, ao comentar no artigo "Compreensão e política" sua interpretação dos eventos recentes, ela observou: *"Tout comprendre n'est pas tout pardonner."*[7] Afirmou, ainda, que a compreensão — um empreendimento intelectual que nunca termina — não constituía, felizmente, uma condição para a luta bastante urgente contra os regimes totalitários. No entanto, sua ausência tornaria impossível alcançar uma reconciliação com o mundo e habitar nele como em uma morada. A vida seria insuportável, caso o pensamento não pudesse atribuir àqueles acontecimentos um peso e um significado.

Para Hannah Arendt, a noção de reconciliação tem um sentido inovador, muito diferente daquele presente na tradição da filosofia. A reconciliação com o mundo alcançada pela

---

[7] "Tudo compreender não é tudo perdoar." Cf. Hannah Arendt, "Compreensão e política", *A dignidade da política*, p. 39.

compreensão também pode ser encontrada na arte do narrador ao contar histórias. Essa proximidade foi destacada por Hannah Arendt nas várias referências, em sua obra, à passagem da escritora dinamarquesa Isak Dinesen, que afirma: "Todas as mágoas são suportáveis quando fazemos delas uma história ou contamos uma história a seu respeito."[8]

A busca da reconciliação com o mundo, presente em *Origens do totalitarismo*, chamou a atenção dos leitores desde o momento da sua publicação. O livro alcançou, imediatamente, grande repercussão. Uma resenha crítica (logo respondida pela autora), feita pelo filósofo político Eric Voegelin, na revista universitária norte-americana *The Review of Politics*, destacou a "motivação emocional" da obra.[9] Voegelin discordava da tese central de Hannah Arendt e cobrava de todo o projeto um tratamento conceitual mais rigoroso. Isso não o impediu de reconhecer que a força argumentativa do livro se devia, exatamente, à adoção de um método "emocionalmente determinado", que partia de um "centro de choque" até chegar à delimitação do seu assunto.

Para Hannah Arendt, toda atividade intelectual tem início no contato com os acontecimentos. Ela chamou vários de seus escritos de exercícios de pensamento político, que emergiam de situações específicas e a elas permaneciam ligados. Tratava-se de verdadeiros embates do pensamento com os incidentes da experiência viva, dos quais não se devia extrair alguma verdade definitiva e, menos ainda, alguma prescrição para a vida prática. Seus escritos são propriamente ensaios,

---

[8] A frase da autora dinamarquesa serve, inclusive, de epígrafe para o capítulo sobre a ação de *A condição humana*.
[9] Eric Voegelin, "The Origins of Totalitarianism", *The Review of Politics*.

no sentido de que são experimentos de pensamento, e tudo que podem almejar é adquirir a experiência de como pensar.

Ao referir-se a sua formação, no depoimento dado em 1964, Hannah Arendt observou que a necessidade de compreender tinha determinado, desde muito cedo, o rumo da sua vida. Já na adolescência, ela acreditava que estaria perdida, caso não pudesse estudar filosofia. A paixão por compreender foi mencionada, novamente, em um debate sobre sua obra, em Toronto, em 1972. Nessa ocasião, afirmou que nunca esteve realmente interessada em agir, mas que a compreensão fora o que sempre tinha buscado. Acreditava que existem pessoas interessadas basicamente em fazer alguma coisa, mas esse não era o seu caso. Acrescentou: "Posso muito bem viver sem fazer nada. Mas não posso viver sem tentar ao menos compreender o que acontece."[10]

Ao concentrar-se no exame do totalitarismo, nos anos 1940, Hannah Arendt se deu conta de que o empreendimento compreensivo ficara bloqueado. A brutalidade dos crimes praticados nos campos de concentração nazistas e nos *gulags* da União Soviética desafiava os padrões morais e jurídicos conhecidos até então. A sabedoria do passado, ela explicou, "morre em nossas mãos tão logo tentamos aplicá-la de forma honesta às experiências políticas centrais de nossos tempos".[11] Além disso, Hannah Arendt notou que a falência desses critérios tradicionais constituía apenas uma parte de um cenário de crise muito mais amplo da história do Ocidente. Por esse motivo, a investigação sobre a natureza dos regimes totalitá-

---

[10] Melvin A. Hill (org.), *Hannah Arendt: The recovery of the public world*, p. 303.
[11] Hannah Arendt, *A dignidade da política*, p. 41.

rios mostrava-se uma tarefa complexa. Em primeiro lugar, era preciso conceber novas formas de abordagem da experiência política, que possibilitassem captar a novidade do totalitarismo. Em seguida, era necessário reconstituir a história da Era Moderna, com o objetivo de localizar as rupturas que prepararam o advento do dramático panorama político do século XX.

Hannah Arendt dedicou-se à execução dessa dupla tarefa em *Origens do totalitarismo*, em um primeiro momento, e, em seguida, no último capítulo de *A condição humana* e nos ensaios reunidos em *Entre o passado e o futuro* — momentos da sua obra que reveem a história moderna, desde o final do século XVI, à luz do desfecho contemporâneo.

Nas páginas seguintes, será exposta a interpretação do totalitarismo contida em *Origens do totalitarismo*. Em seguida, será considerada a visão da autora da Era Moderna — o período da história inaugurado na passagem do século XVI para o século XVII, que teve seu término nos acontecimentos do século XX.

ORIGENS DO TOTALITARISMO

A interpretação do totalitarismo apresentada no livro de 1951 contrariava as avaliações correntes na época, para as quais os regimes totalitários eram formas exacerbadas de autoritarismo. Hannah Arendt achava que essa aproximação indevida tornava inviável a percepção do aspecto singular e inédito das organizações políticas surgidas exclusivamente no século XX, na Alemanha e na União Soviética. Para ela, não fazia sentido definir a natureza dos regimes nazista e estalinista recorrendo a noções como ditadura, tirania e autoridade, que remontavam aos primórdios do pensamento político ocidental.

Em sua argumentação, a filósofa recorreu a uma passagem de Nietzsche que diz que é da alçada do desenvolvimento da ciência dissolver o "conhecido" no desconhecido, mas que geralmente os cientistas terminam por fazer justo o oposto, e reduzem o desconhecido a algo que já é conhecido. Para ela, essa afirmação servia para caracterizar a posição da maior parte dos intérpretes do totalitarismo, assim como do público em geral.

A identificação do totalitarismo com alguma forma de autoritarismo aparecia associada a uma visão distorcida da política, muito corrente no período do pós-guerra. A população que ainda tinha viva a lembrança dos tempos da guerra reconhecia na expansão do aparato estatal, que efetivamente ocorrera sob o nazismo e o estalinismo, um reforço do autoritarismo e localizava no Estado a sede da política. A partir dessa perspectiva, era natural que a oposição ao totalitarismo fosse acompanhada de alguma forma de repúdio da política. A importância crescente, nas décadas seguintes, da figura do Estado apolítico, responsável exclusivamente por cuidar do bem-estar da população, resultou também dessa alteração de atitude relativamente aos assuntos políticos.

A interpretação de Hannah Arendt do totalitarismo tomou uma direção bem diferente. Para ela, os movimentos totalitários tiveram sucesso porque, como verdadeiros oportunistas, souberam tirar proveito do vazio deixado pela falência da autoridade política. A tese central de *Origens do totalitarismo*, que comparece também em outros textos, afirma que no momento em que, ao longo da história moderna, as estruturas políticas tradicionais foram destruídas, elementos subterrâneos da história europeia, como o antissemitismo e o racismo, puderam vir à tona e se cristalizar na experiência totalitária.

Origens do totalitarismo foi escrito na segunda metade dos anos 1940. O manuscrito original ficou pronto em 1949, e a publicação é de 1951. Nos anos seguintes, foram tantas as alterações introduzidas, que só em 1966, com a terceira edição, o livro teve uma versão definitiva. Já em 1947, Hannah Arendt apresentou a Karl Jaspers um esboço do que deveria ser o "livro sobre o imperialismo", como ela o chamava então. Ele seria composto de uma primeira parte, já concluída àquela altura, que consistia em uma história do antissemitismo e da sua propensão de ser um cristalizador para as ideologias políticas cruciais do século XX; de uma segunda parte (que estava sendo redigida), que analisava a relação entre o imperialismo, visto como a política de pura expansão, iniciada em 1880, e o colapso do Estado-nação; e de uma terceira e última parte, dedicada ao exame das estruturas dos Estados totalitários.[12]

Chama a atenção do leitor o modo como é exposto o argumento principal do livro. O significado do que é relatado nas duas primeiras seções, sobre o antissemitismo e sobre o imperialismo, só pode ser devidamente avaliado com o exame do totalitarismo, na terceira seção. Isto porque foi no totalitarismo que puderam emergir e se cristalizar, com toda

---

[12] Hannah Arendt e Karl Jaspers, *Correspondence 1926-1969*, p. 98.

a virulência, os elementos contidos no antissemitismo e no imperialismo. O procedimento adotado na exposição reflete a compreensão de Hannah Arendt da pesquisa histórica em geral. Esta não teria por objetivo determinar as causas ou os antecedentes dos acontecimentos mais próximos, mas, ao contrário, apresentaria um ponto de vista retrospectivo: o passado seria esclarecido a partir do surgimento de um evento mais recente, no caso, o totalitarismo.

Também a feição literária da obra é surpreendente. O leitor se impressiona com a importante pesquisa do material documental, que fez do livro um marco na história política do século XX. Ao mesmo tempo, é evidente o tom apaixonado de algumas passagens, especialmente o final da terceira seção, sobre o domínio total, com a dramática descrição da gradual destruição do homem nos campos de concentração. O relato acolhe toda a perplexidade e o horror diante dos crimes cometidos, e um tratamento mais sóbrio e estritamente conceitual é quase impossível.

São importantes também os retratos de personalidades — de políticos, escritores e artistas — na caracterização dos vários momentos históricos. O perfil de Marcel Proust é central na descrição da situação dos judeus na sociedade francesa da *belle époque*; o de Georges Clemenceau, político e polemista francês, ajuda a compreender o caso Dreyfus; o de Benjamin Disraeli, primeiro-ministro britânico no período vitoriano, resume a trajetória de setores assimilados da comunidade judaica na Inglaterra do século XIX; o retrato do escritor inglês T. E. Lawrence possibilita a caracterização da mentalidade imperialista no início do século XX; o dos representantes das vanguardas artísticas do período entre as duas Grandes Guerras esclarece o sentido da aliança entre a elite e a ralé na formação dos movimentos totalitários.

Hannah Arendt acreditava que "toda ideia recebe uma chance de se encarnar em um homem e atingir por seu intermédio o que se costumava chamar de grandeza histórica".[13] Alguns anos depois, ao compor *Homens em tempos sombrios*, um conjunto de perfis de personalidades contemporâneas, a filósofa pôde explorar essa forma de arte e avaliar sua importância para a investigação histórica.

ANTISSEMITISMO

Para o esclarecimento do totalitarismo no século XX, Hannah Arendt entendeu que devia considerar a trajetória do antissemitismo como uma ideologia leiga, surgida nos anos setenta do século XIX, e não o antissemitismo tradicional, expresso no antigo ódio religioso aos judeus. O antissemitismo como ideologia política apareceu nas sociedades modernas em um momento posterior à Revolução Francesa, a qual havia assegurado aos judeus, individualmente, a possibilidade de serem assimilados à vida em sociedade. O antissemitismo constituiu uma reação a esse processo que, por vezes, foi bem-sucedido, como no caso de Benjamin Disraeli, e frequentemente foi desastroso, como no do capitão Dreyfus. Disraeli soube explorar sua posição de judeu-exceção — chegou a ser nomeado lorde Beaconsfield e a conquistar a amizade da rainha Vitória.

---

[13] Hannah Arendt, *Origens do totalitarismo*, p. 90.

Muito diferente foi o percurso do infeliz Alfred Dreyfus, desde o momento em que ousou penetrar no reduto protegido da aristocracia, que era o corpo de oficiais do Exército francês. Acusado de traição, sob a alegação de ter passado informações secretas a um diplomata alemão, foi levado a julgamento em um processo que durou vários anos, sem nunca ter sido concluído e que motivou a maior voga de reação antijudaica da história da França, tendo cindido o país em duas facções inimigas.

É significativo que Alfred Dreyfus, um judeu, tenha sido acusado de traição. Isso tinha a ver com o antigo e enraizado preconceito que associava os judeus à traição de Jesus. Apesar de ter suscitado uma verdadeira onda antissemita que envolveu parte considerável da população, a acusação feita a Dreyfus era dirigida a um indivíduo, portanto seu crime deveria ser julgado no âmbito dos procedimentos judiciários estabelecidos. O caso Dreyfus é contemporâneo do julgamento de Oscar Wilde, acusado de "grave indecência", na Inglaterra vitoriana, e guarda com ele afinidades. Também no processo de Oscar Wilde, a acusação se fundava em um preconceito, no caso contra a homossexualidade, que era dirigida a um indivíduo determinado. Também Oscar Wilde foi judicialmente acusado por um crime, pelo qual foi pessoalmente responsabilizado e, em seguida, punido.

A situação retratada no capítulo de *Origens do totalitarismo* que traça o perfil de Marcel Proust é bem diferente. Hannah Arendt recorreu a *Em busca do tempo perdido* para descrever a trama de preconceitos que sustenta a disposição dos grupos em uma dada sociedade. Em *Sodoma e Gomorra*, um dos volumes da principal obra do "maior escritor da

França do século XX",[14] está em foco a figura do homossexual, a que Proust, seguido por Hannah Arendt, associou o personagem do judeu. O cenário em que eles aparecem é o dos salões aristocráticos de Paris na *belle époque*, nos quais eram acolhidos como seres exóticos e eram também motivo de curiosidade. Proust tratou, em seu livro, de um momento da complexa dialética de aproximação e de exclusão constitutiva dos preconceitos, bastante diferente daquele em que ocorreram o caso Dreyfus e o processo contra Oscar Wilde. Nessa altura e nesse ambiente, já não cabia condenar o judeu por sua associação com certos delitos, especialmente com o de traição, e já não se considerava que a homossexualidade fosse um crime a ser punido com o rigor da lei. Nos salões do Faubourg Saint-Germain, tais opiniões seriam vistas como estreiteza de espírito.

Uma transformação havia ocorrido na apreciação do judeu e do homossexual: suas identidades se naturalizaram. Elas não estavam mais associadas a certos crimes, mas passaram a ser vistas como uma fatalidade racial ou sexual de que não se podia escapar e pela qual ninguém era responsável. A aristocracia recebia os judeus e os homossexuais não porque fizesse bom juízo deles, mas porque isso servia para acentuar um traço que a distinguia dos homens "comuns" — os burgueses. Por sua vez, os homossexuais e os judeus-exceção passavam a formar grupos que firmavam sua identidade por meio da utilização de códigos que apenas eles decifravam. Essa posição, ao mesmo tempo de *insiders* e de marginais, provocava neles uma reação psicológica que oscilava entre o

---
[14] *Ibidem*, p. 102.

sentimento de pertencerem a uma casta superior e se verem como subalternos.

A naturalização das identidades do judeu e do homossexual foi apropriada também por uma mentalidade "tolerante", como no caso referido por Proust dos juízes em uma corte, que "suspeitam e desculpam mais facilmente o assassinato nos invertidos e a traição nos judeus por razões tiradas do pecado original ou fatalidade da raça". Proust reagiu com espanto a essa situação: "Não será a punição um direito do criminoso?"[15]

Entretanto, o problema mais grave a envolver essa mudança de atitude, que à primeira vista parecia ter um sentido humanitário era que, de uma hora para outra, ela poderia trocar de sinal. Judeus e homossexuais, à medida que passaram a ser vistos como uma raça ou como submetidos a um vício incontrolável, não podiam, certamente, ser penalizados por isso, mas, no caso de as circunstâncias mudarem, como de fato ocorreu algumas décadas mais tarde, podiam ser exterminados como uma praga. Hannah Arendt observou: "Se um crime é punido com um castigo, um vício ou uma tara só podem ser eliminados."[16] Para ela, essa alteração ajudava a entender o fato de muitos "admiradores" dos judeus terem se tornado, mais tarde, seus verdugos e figurarem entre os dirigentes das fábricas de morte.

É certo que o processo de assimilação de parte da população judia, ocorrido ao longo do século XIX, propiciou a melhoria das condições de vida de alguns setores, como dos

---

[15] Marcel Proust, *A la recherche du temps perdu*.
[16] Hannah Arendt, *Origens do totalitarismo*, p. 109.

financistas e dos intelectuais. Ao mesmo tempo, ele motivou o agravamento das cisões entre os próprios judeus, o que, certamente, fez deles um grupo muito mais vulnerável aos preconceitos e perseguições. Nessa época, acentuou-se a discriminação dos judeus do Oriente (os *Ostjuden*) pelos judeus ocidentalizados e firmou-se o contraste entre o judeu arrivista, assimilado, e o judeu pária. Em várias ocasiões, nas décadas seguintes, Hannah Arendt referiu-se com admiração à figura do judeu pária. Isso aconteceu, por exemplo, ao fazer os retratos de escritores e artistas, como Heinrich Heine, Bernard Lazare, Charles Chaplin e Franz Kafka, que, para ela, formavam uma "tradição escondida", que era preciso resgatar.[17]

IMPERIALISMO

Todas essas transformações tiveram como pano de fundo a desagregação, na esfera política, dos Estados nacionais, os quais haviam sido financiados, em diversos países da Europa, por membros da comunidade judaica. Esta falência ocorreu por obra do imperialismo, que constitui o assunto da segunda seção de *Origens do totalitarismo*. A interpretação de Hannah Arendt do imperialismo combina as teses do historiador inglês J.H. Hobson, sobre a poupança excessiva e a má distribuição da riqueza, com as de Rosa Luxemburgo, que contêm, para a filósofa, o *insight* mais importante sobre o assunto.

Foram duas as formas de imperialismo estudadas no livro: o imperialismo colonial na África e na Índia, sobretu-

---

[17] Hannah Arendt, *La tradition cachée*.

do, e o imperialismo continental do pangermanismo e do pan-eslavismo. As duas se caracterizaram por um movimento de expansão ilimitada, exaltado na conhecida declaração de Cecil Rhodes, principal herói do imperialismo inglês na África do Sul: "Se eu pudesse, anexaria os planetas."[18] As razões do imperialismo colonial foram essencialmente econômicas. Na segunda metade do século XIX, o sistema social europeu estava baseado em uma economia que apresentava um acúmulo de riquezas sem precedentes, que havia resultado de um excesso de poupança. Essa riqueza mal distribuída e tremendamente ampliada estaria condenada à ociosidade dentro da capacidade nacional existente de produção e consumo, caso não encontrasse uma saída. O imperialismo transcontinental, ao romper as fronteiras dos Estados nacionais por meio da dominação dos territórios coloniais, assegurou ao sistema econômico a possibilidade de alargar-se indefinidamente.

Hannah Arendt afirmou em seu livro que o processo de expansão da economia precisou ser acompanhado por mecanismos políticos de dominação, que envolveram todo tipo de violência. A um infindável acúmulo de propriedade teve que corresponder um infindável acúmulo de força. Nesse ponto, Thomas Hobbes aparece como o verdadeiro filósofo da burguesia promotora da expansão imperialista, no final do século XIX. Para o filósofo inglês, a força constitui o elemento que instaura e organiza a vida política. Além disso, ele indicou no seu *Leviatã* que o acúmulo de riqueza, concebido

---

[18] A frase serve de epígrafe da seção de *Origens do totalitarismo* dedicada ao imperialismo.

como um processo sem fim, só pode ser garantido pela tomada do poder político. Esse processo de acumulação, cedo ou tarde, conduzirá à violação de todos os limites territoriais existentes. Uma configuração política nova, que consiste no fenômeno da política mundial, apresentou-se no imperialismo. Ela constituiu uma das condições da pretensão totalitária de um governo global.

A quebra das fronteiras nacionais e dos marcos reguladores da vida política provocada pelo imperialismo teve seu correlato filosófico no aparecimento, no final do século XIX, de uma concepção da história como um processo infindável que, para ser consistente com o constante aumento de poder, devia envolver inexoravelmente os indivíduos, os povos e, finalmente, toda a humanidade.[19]

Uma nova noção de progresso, introduzida na época do imperialismo, determinou uma mudança de atitude diante do mundo e da história. Ela preparou o advento do cenário político e intelectual completamente novo do século XX, no qual surgiu o totalitarismo.

TOTALITARISMO

A última parte de *Origens do totalitarismo* ocupa-se diretamente do totalitarismo. Logo de início, Hannah Arendt afirma que os regimes totalitários não têm relação com as sociedades de classes, mas sim com as sociedades de massas. A condição para que o nazismo e o estalinismo se firmassem

---

[19] Hannah Arendt, *Origens do totalitarismo*, p. 172

foi a existência das massas, ou seja, de uma população completamente homogênea formada por homens solitários. Para alcançar a homogeneização completa da população, os regimes totalitários recorreram à liquidação de todas as formas tradicionais de associação humana, como as classes, os grupos de interesses e, até mesmo, as sociedades de jogadores de xadrez, como fizeram os líderes soviéticos — lembrou Hannah Arendt.

O surgimento das massas na cena política do século XX tem relação com o processo de alienação do mundo que atravessou a história moderna desde os seus primórdios, no século XVII — um assunto abordado no último capítulo de *A condição humana*, alguns anos depois. Nesse capítulo, Hannah Arendt mostrou que os três eventos que marcaram o início da modernidade — a descoberta dos novos continentes, a invenção do telescópio por Galileu e a Reforma — já continham os ingredientes do processo de alienação que se intensificaria nos séculos seguintes.

A Reforma contribuiu, em um aspecto específico, para que o processo de alienação do mundo fosse o eixo de sustentação da história moderna. A expropriação dos bens eclesiásticos ocorrida naquele momento levou ao empobrecimento de uma enorme massa de camponeses, deixados à míngua em uma situação em que, destituídos de um lugar no mundo, ficaram expostos, de mãos vazias, às conjunturas da vida, tendo apenas sua força de trabalho para vender. Essa massa serviu de mão de obra para impulsionar a Revolução Industrial, na Inglaterra e no restante da Europa, e foi abrigada, de forma mais ou menos precária, nas sociedades nacionais europeias até o século XX.

A Primeira Grande Guerra provocou uma alteração radical no cenário político europeu. Os últimos laços que garantiam a esses homens pobres a filiação a um grupo, a uma classe, a um lugar no mundo foram rompidos e eles passaram a constituir as massas de habitantes das cidades do Velho Continente. Foi essa população de homens solitários e comprimidos uns contra os outros, sem um lugar no mundo, isto é, desprovidos da proteção da vida privada, que constituiu o alvo principal da doutrinação ideológica empreendida pelos movimentos totalitários.

Hannah Arendt mostrou que a principal característica do homem de massa não é a brutalidade nem a rudeza, mas a falta de relações sociais normais. O totalitarismo apareceu para esses homens e mulheres como uma oportunidade de fuga — na verdade, uma fuga suicida — da terrível realidade, e desse modo foi capaz de motivar seu envolvimento emocional e intelectual e, por fim, sua mobilização política. Subitamente, uma população deixava de lado sua apatia e marchava na direção de onde vinha a oportunidade de expressar o seu ressentimento.

A solidão do homem de massa é diferente do isolamento experimentado nos regimes tirânicos e ditatoriais. Nesse caso, os laços políticos entre os homens são cortados e fica proibida toda participação na vida pública. Nesses regimes, porém, ainda resta a possibilidade de se buscar o refúgio na vida privada, como na família e nos negócios particulares, ou mesmo na produção de obras de arte que, muitas vezes, exige essa forma de recolhimento. Pode-se dizer que na situação de isolamento político, os homens dispõem ainda do seu próprio mundo, o que não ocorre na solidão totalitária.

O TOTALITARISMO E A CRISE DA AUTORIDADE

Uma das mais importantes contribuições de *Origens do totalitarismo* foi ter sublinhado o papel da exploração política da solidão no nazismo e no comunismo. Hannah Arendt chegou a este ponto ao indagar sobre qual teria sido a experiência humana que serviu de base para essas novas e terríveis formas de organização política. Ela reconhecia o caráter inédito do totalitarismo e entendia que não era possível aproximá-lo de outras formas de governo como as tiranias e as ditaduras. Estas últimas provocavam medo na população — que buscava proteger-se no refúgio dos seus lares e de suas ocupações. Porém, o terror totalitário é bem mais difuso que o medo que se tem de uma arma apontada contra alguém. Cabia, por esse motivo, especificar a experiência humana que anteriormente nunca fora relevante no tratamento das coisas políticas, mas que tinha sido mobilizada na implantação do domínio total. A solidão foi essa experiência.

A solidão foi tema de muitos escritores, filósofos e artistas, ao longo dos séculos. Hannah Arendt lembrou as impressionantes observações feitas por Martinho Lutero a esse respeito. A solidão assombrava de tal forma o Reformador que ele chegou a afirmar: "É preciso haver um Deus, pois o homem precisa de alguém em quem possa confiar." E acrescentou em outra passagem: "não é bom para o homem estar sozinho", pois o homem sozinho pensa sempre o pior de tudo. A solidão tem sido entendida, frequentemente, como uma forma extrema de desamparo que ocorre em situações específicas, como a velhice e a proximidade da morte, tal como notou Norbert Elias em um importante estudo,[20] ou

---

[20] Norbert Elias, *A solidão dos moribundos*.

como a vida nas prisões. Também os quadros do pintor norueguês Edvard Munch e do surrealista René Magritte expressaram a agudeza desse sentimento. Na mesma direção, Martin Heidegger elaborou, em *Ser e tempo*, uma analítica do ser-aí, do ser do homem, em que associava o tema da solidão àquele da existência inautêntica, típica da vida em sociedade. Algumas passagens de *Ser e tempo* sugerem que a solidão aproxima-se muito mais do estado de espírito do homem de massa, loquaz e dispersivo, do que da atitude recolhida dos grandes solitários. Porém, em nenhum desses casos foi ressaltada a dimensão política da solidão, tal como fez Hannah Arendt em *Origens do totalitarismo*.

IDEOLOGIA E TERROR

"Ideologia e terror", último capítulo de *Origens do totalitarismo*, foi um artigo de 1953, incorporado à segunda edição do livro, em 1958.[21] Esse capítulo — uma síntese de toda a investigação — afirma que os regimes totalitários introduziram no *corpus* jurídico-político uma nova noção de lei. Ao longo da tradição do pensamento político, a lei foi vista como um meio de fixar os limites entre os indivíduos em uma determinada sociedade e, também, de regular os contatos entre eles. No incerto mundo das ações humanas, a lei apresenta-se como um elemento de estabilidade, que, tal como a memória, garante que alguma coisa sobreviva à sucessão das várias gerações.

---

[21] "Ideologia e terror" foi publicado em *The Review of Politics*, em julho de 1953.

O TOTALITARISMO E A CRISE DA AUTORIDADE

O totalitarismo superpôs à organização jurídica existente a figura de uma lei superior, que reflete o movimento da história e da natureza. A afirmação da superioridade de uma raça sobre as demais ou de uma classe sobre as outras, no caso do nazismo e do comunismo, não depende de algum acerto entre os homens, mas da necessidade de realizar na história os desígnios da natureza sempre em movimento. A expressão intelectual dessa realidade em movimento são as ideologias.

Uma abordagem bastante precisa das ideologias de classe e de raça já estava presente na seção de *Origens do totalitarismo* dedicada ao imperialismo. Àquela altura, Hannah Arendt mostrara que essas pseudofilosofias não são meras opiniões, mas sistemas de uma única ideia, tomada como a chave para a compreensão das leis universais "ocultas" da natureza e do mundo humano. Também sublinhara o aspecto de doutrinação das ideologias, feita a partir dessa única ideia, que necessita ser "suficientemente forte para atrair e persuadir um grupo de pessoas e bastante ampla para orientá-las nas experiências e situações da vida moderna."[22]

Entretanto, uma interpretação mais elaborada da natureza das produções ideológicas foi apresentada em "Ideologia e terror". O capítulo retoma as indicações anteriores: as ideologias são a explicitação da lógica e do significado do processo histórico e sua função é organizar, por meio da doutrinação, a conduta da população para que cada um dos seus membros ocupe um lugar determinado na história. A seguinte definição resume essas indicações: "Aquilo de que o sistema totalitário precisa para guiar a conduta de seus súditos é um preparo

---
[22] Hannah Arendt, *Origens do totalitarismo*, p. 189.

para que cada um se ajuste igualmente bem ao papel de carrasco e de vítima."[23] Esse preparo foi feito pelas ideologias.

Alguns aspectos centrais das ideologias foram destacados em "Ideologia e terror". Inicialmente, as ideologias pretendem fornecer uma explicação total. Isso significa que elas fazem apelo a uma única ideia para dar conta da totalidade da realidade, independentemente da variedade de aspectos que esta possa apresentar. As categorias de raça e de classe, no nazismo e no comunismo, servem para explicar toda a gama de eventos históricos e políticos. Em seguida, as ideologias apresentam-se como explicações históricas — para elas, a realidade está em constante movimento e o progresso indefinido constitui uma verdade inquestionável. Também as ideologias se caracterizam por seu acentuado desprezo da experiência. Elas não confiam nos dados fornecidos imediatamente pelos sentidos, mas preferem, ao invés disso, postular a existência de uma realidade mais "verdadeira", escondida por trás de tudo que aparece. Uma espécie de sexto sentido é exigida para dar conta dessa realidade, cuja face "verdadeira" só pode ser atingida pelo pensamento ideológico. A constante preocupação com a presença de forças ocultas e com a ameaça de complôs insidiosos é uma marca do dia a dia da política nos contextos totalitários.

Por fim, Hannah Arendt sublinha que o raciocínio ideológico desdobra-se de acordo com uma lógica implacável. As ideologias tomam como verdadeiras certas premissas, a partir das quais, de forma absolutamente coerente, desenvolvem uma

---

[23] *Ibidem*, p. 520.

cadeia de raciocínios. Hitler se vangloriava do seu "raciocínio frio como o gelo" e Stalin da "impiedade da sua dialética". Para o primeiro, as raças indignas de viver eram compostas de pessoas que iam ser exterminadas; para o segundo, as classes agonizantes eram aquelas de pessoas condenadas à morte.

Já se observou que as tiranias e as ditaduras sustentam-se no medo que inspiram na população e que os regimes totalitários dependem da implantação do terror, que é algo muito mais radical e difuso. Para Hannah Arendt, o terror constitui a realização da lei do movimento histórico ditada pelas ideologias. O terror seria o princípio da ação política nos regimes totalitários, caso a política não fosse banida neles por completo. Ele serve para acelerar o avanço do processo histórico, e para isso precisa eliminar todos os entraves à sua frente — as raças inferiores, como os judeus, no caso do nazismo, ou as classes atrasadas e seus aliados, no caso do comunismo.

DOMÍNIO TOTAL

As páginas finais de *Origens do totalitarismo* contêm a descrição do estágio final da dominação totalitária que ocorreu nos campos de concentração e extermínio. Elas retratam a barbárie política do século XX, tal como também o fizeram Primo Levi e Alexander Soljenítsin em suas obras.

A eliminação das populações indesejadas nos campos nazistas e da União Soviética teve uma preparação em três etapas. Num primeiro momento, procedeu-se à morte da pessoa jurídica do homem. Isto foi antecipado pela supressão, nos anos que se seguiram à Primeira Grande Guerra, dos direitos de amplas camadas da população europeia que haviam perdido suas nacionalidades. Na visão de Hannah Arendt, os direitos humanos, proclamados no final do século XVIII na Declaração dos Direitos do Homem, permaneceram uma abstração para as populações que não tinham laços com as comunidades nacionais. No momento em que se tornaram apátridas, isto é, sem ligação com alguma comunidade, esses grupos foram destituídos, igualmente, de seus direitos básicos.

A anulação da figura jurídica do homem nos campos de concentração apareceu, também, no fato de que os prisioneiros não se encontravam ali para cumprir pena por algum crime que tivessem cometido. Não havia contra eles nenhuma acusação formal. Em sua maior parte, essa população nem sequer era composta de criminosos ou de opositores políticos, mas de pessoas que integravam grupos raciais ou sociais discriminados e que tinham de ser eliminados. A anulação da personalidade jurídica dos prisioneiros foi favorecida pela invisibilidade do que se passava no interior dos campos. Ao ingressar em uma dessas fábricas da morte, apagavam-se os traços da presença dos indivíduos no mundo.

O passo seguinte na implantação do domínio total foi a destruição da dimensão moral do homem. A cumplicidade de toda a população com os crimes cometidos pelos nazistas e comunistas terminou por envolver as próprias vítimas. A organização dos campos incentivava a colaboração, a delação e até obrigava os prisioneiros a participar da execução dos companheiros. Nesse contexto, a consciência moral deixou de ser adequada e fazer o bem se tornou impossível.

O último passo na transformação dos prisioneiros em mortos-vivos foi a destruição da individualidade e da espontaneidade do homem. Ao ler os depoimentos dos sobreviventes dos campos, como os de David Rousset e de Bruno Bettelheim, Hannah Arendt ficou impressionada com as cenas de "procissões de seres humanos que vão para a morte como fantoches".[24] A destruição da individualidade e a eliminação de toda capacidade de reação começavam com o transporte dos prisioneiros nos trens de carga, passavam pela uniformização do tratamento nos campos e tinham seu desfecho no assassinato em massa nas câmaras de gás. Até mesmo a morte, a possibilidade última do ser humano, perdia, nessas circunstâncias, o significado. Os condenados à morte se multiplicavam idênticos, sem que se pudesse discernir entre eles qualquer traço de individualidade.

Uma passagem do prefácio de *Origens do totalitarismo* afirma que o livro "foi escrito com a convicção de serem passíveis de descoberta os mecanismos que dissolveram os tradicionais elementos do nosso mundo político e espiritual num amálgama, onde tudo parece ter perdido seu valor específico, escapando da nossa compreensão e tornando-se inútil para fins humanos".[25]

A Era Moderna, ao menos em seu início, no século XVII, caracterizou-se pela adoção de critérios instrumentais, que passaram a nortear a experiência humana em toda a sua abrangência. Na virada do mundo antigo e medieval para a Era Moderna, o *homo faber*, com sua engenhosidade e seu empenho na busca de resultados, foi visto como modelo para se avaliar a excelência de todas as atividades do homem. Na-

---
[24] *Ibidem*, p. 506.
[25] *Ibidem*, p. 12.

quele momento, a capacidade de intervir nos processos naturais, com o recurso dos instrumentos apropriados, e também a produtividade foram consideradas as principais virtudes. O exame do fenômeno totalitário, empreendido em *Origens do totalitarismo*, despertou a atenção de Hannah Arendt para o fato de que o aparecimento das novas formas de organização política — o nazismo e o comunismo — tinha relação com a perda da importância dos critérios do *homo faber* e com a ameaça da estabilidade do mundo constituído pelos produtos da fabricação.

Em contraste com a esfera do trabalho, organizada segundo critérios instrumentais, delimitada espacialmente e voltada para a consecução de fins bem-definidos, as novas experiências políticas eram parte de um cenário feito de um amálgama de coisas indistintas e que não tinha qualquer finalidade humana. Esses primeiros *insights* de *Origens do totalitarismo* relativos à transformação da Era Moderna em um Mundo Moderno — termo usado por Hannah Arendt para designar o contexto contemporâneo — foram retomados e desenvolvidos em *A condição humana* e nos ensaios de *Entre o passado e o futuro*. Do ponto de vista estritamente político, essa alteração se manifestou na crise da autoridade — a mais antiga categoria do pensamento político do Ocidente, que sempre dependeu da referência a um padrão estável para garantir sua legitimação.

O esclarecimento desses dois aspectos — a crise da autoridade e o desdobramento da história moderna na direção mencionada — é o propósito dos próximos passos desta exposição.

O TOTALITARISMO E A CRISE DA AUTORIDADE

CRISE DA AUTORIDADE E DA TRADIÇÃO

Em uma carta endereçada a Heidegger, em 1954, Hannah Arendt expôs os assuntos que ocupavam sua atenção na época.[26] A carta se refere a três direções de investigação articuladas entre si. Em primeiro lugar, menciona o exame das formas de governo, feito a partir de Montesquieu, com o objetivo de situar o momento em que a noção de domínio impôs-se na definição do que é política. Em segundo lugar, anuncia a investigação, com base em Hobbes e em Marx, das três atividades que compõem a *vita activa* — a ação, o trabalho e o labor. Por fim, revela o propósito de elaborar uma interpretação da relação entre filosofia e política, a começar por uma avaliação da posição de Platão e de Aristóteles diante da pólis, que a seu ver teria condicionado a direção de toda a tradição da teoria política.

Pode-se acompanhar na obra de Hannah Arendt o desdobramento da pesquisa sobre esses três tópicos. O segundo deles, relativo à determinação das três atividades que compõem a *vita activa*, resultou na elaboração de *A condição humana*, e é o núcleo de sua teoria política. O primeiro e o terceiro tópicos não constituíram o tema exclusivo de um livro. Eles foram tratados em alguns textos de forma mais explícita, mas dizem respeito, na verdade, a uma temática que atravessa toda a obra da filósofa e apresentam um nexo entre si.

Localizar o momento em que a política foi concebida como domínio significa apontar para o aparecimento da noção de autoridade na tradição do pensamento político.

---

[26] Hannah Arendt e Martin Heidegger, *Correspondência, 1925/1975*, carta 86.

Para Hannah Arendt, isto conduz à necessidade de lançar luz sobre o contexto em que se firmou entre os filósofos antigos, especialmente em Platão, uma determinada compreensão da relação entre filosofia e política. Hannah Arendt ocupou-se desse assunto principalmente em "Que é autoridade?", um dos ensaios incluídos em *Entre o passado e o futuro*.[27]

Foram vários os assuntos abordados em "Que é autoridade?": a formulação filosófica, por Platão e Aristóteles, do que é a autoridade política; o aparecimento das primeiras formas de governo autoritário centradas na experiência da fundação, em Roma e na Igreja Católica; a atualização do legado romano por Maquiavel; a importância renovada da noção de fundação das instituições políticas nos movimentos revolucionários modernos; e finalmente, a situação de falência da autoridade política no mundo contemporâneo.

Certamente, a motivação de todo o ensaio está referida no último passo, pois a reconstituição da história do conceito de autoridade deve contribuir para o esclarecimento da crise contemporânea. Por isso, Hannah Arendt abriu seu estudo com a seguinte declaração: "Para evitar mal-entendidos, teria sido muito mais prudente indagar no título: o que foi — e não o que é — autoridade? Pois meu argumento é que somos tentados e autorizados a levantar essa questão por ter a autoridade desaparecido do mundo moderno."[28]

---

[27] Hannah Arendt, "Que é autoridade?", *Entre o passado e o futuro*.
[28] *Ibidem*, p. 127.

SIGNIFICADO POLÍTICO DO MITO DA CAVERNA

A reconstituição da história da noção de autoridade começa com uma proposta de interpretação do mito da caverna — relatado no início do livro VII de *A República*, de Platão —, que toma por referência a leitura de Heidegger da mesma passagem, presente em "A doutrina de Platão sobre a verdade".[29] O propósito de Hannah Arendt foi explicitar a dimensão política da transformação do conceito de verdade platônico, ocorrida naquela altura, que Heidegger deixara apenas entrever.

Para Heidegger, o mito relatado por Platão, que visa a dar conta do sentido da *paideia*, isto é, da educação do dirigente político, será esclarecido ao se trazer para o primeiro plano a definição de verdade nele contida, já que o critério que determina a essência da *paideia* depende do modo como se define a verdade. Mais precisamente, Heidegger mostrou que em determinado momento do relato platônico ocorre uma transformação do conceito de verdade — o que dá ao texto uma acentuada ambiguidade. Essa transformação envolve o abandono de uma concepção da verdade como desvelamento, cujos critérios são eminentemente estéticos, e a adoção de uma teoria filosófica das ideias, que identifica a apreensão da verdade com o processo de correção do olhar na direção da ideia mais perfeita — a ideia do Bem.

Para Heidegger, esse foi o momento fundador da tradição do pensamento ocidental e de toda a história do Ocidente.

"A doutrina de Platão sobre a verdade" descreve o mito da caverna como o percurso, em quatro etapas, do personagem

---

[29] M. Heidegger, "La Doctrine de Platon sur la Vérité", *Questions II*.

em uma direção dupla — ascendente e descendente. Ao considerar a direção ascendente do percurso, o relato platônico menciona seu ponto de partida: o personagem encontra-se acorrentado, junto com seus companheiros, no interior da caverna, todos condenados a tomar como verdade as sombras projetadas na parede à sua frente.

O mito refere-se, em seguida, ao primeiro passo da libertação do personagem, que possibilita que sejam vistos, ainda no interior da caverna, os objetos cujas sombras são projetadas e também o fogo que os ilumina. No momento seguinte, acentuando-se o movimento ascendente, o personagem, já liberto, encontra-se fora da caverna, onde vê as coisas aparecerem em sua plena realidade à luz do Sol, e finalmente contempla o próprio Sol.

A partir desse ponto, é considerada a direção descendente do percurso. O personagem deve retornar ao interior da caverna para conduzir seus habitantes pelo caminho da libertação. Dá-se, então, uma situação de conflito. Ele é agredido e até mesmo ameaçado de morte pelos que estão no interior da caverna e se recusam ser libertados. O caráter decisivo desse último passo — que relata o retorno do personagem ao interior da caverna — será sublinhado por Heidegger.

O próprio Platão apresentou a interpretação da simbologia contida no mito. O interior da caverna representa o mundo sensível em que os homens vivem e que é tomado por eles como o único verdadeiro. O ambiente fora da caverna, iluminado pelo Sol, representa o mundo das ideias — a verdadeira realidade das coisas. O Sol, que figura no centro do relato, representa a ideia do Bem, a mais perfeita das ideias.

Heidegger entende que, ao se considerar apenas a parte do mito relativa ao percurso ascendente referido por Platão, nota-se que aí se descreve o movimento pelo qual as coisas, a cada passo, se desvelam em seu aspecto essencial. Nessa parte do relato estaria em jogo o conceito grego originário de verdade como desvelamento, que consiste em trazer alguma coisa da sombra para a luz. Isto ocorre em uma situação de confronto entre luz e sombra e apresenta-se como um momento de vitória da luz sobre a sombra, sem que uma posição definitiva esteja assegurada. A verdade entendida nesse sentido, como acesso do latente ao estado de não latência, foi chamada pelos gregos de *alétheia* — expressão que dá conta de um confronto e, também, de copertencimento de velar e de desvelar, de sombra e de luz. Esse duro confronto é experimentado pelo personagem do mito como um esforço penoso de, a cada passo, ter de se adaptar a um ambiente de maior claridade.

Ora, chama a atenção de Heidegger o fato de a referência a *alétheia* — a verdade como desvelamento — desaparecer no último passo do relato, que trata do retorno do personagem ao interior da caverna. Nesse momento, até mesmo a expressão "*alétheia*" desaparece. Em seu lugar aparece outra, "*ortótes*", que quer dizer correção. *Ortótes* tem a ver com a experiência da correção do olhar na direção da ideia, mais precisamente, da ideia do Bem, representada pelo Sol. Heidegger percebe que, nesse ponto, uma decisão foi tomada a respeito do confronto entre luz e sombra, que favorece o partido da luz, já que todo o relato passa a ter por centro a figura do Sol. A realidade passa a ser vista como cindida: de um lado, há o plano das sombras, o mundo sensível, de outro, o plano da luz, o mundo das ideias. Além disso, uma articulação entre os dois planos teria sido firmada — o plano ideal passou a constituir a referência, o padrão situado além do sensível, na direção do qual o olhar deve se voltar para que toda a realidade possa ser apreendida.

A partir desse momento, dirigir e fixar corretamente o olhar na direção da ideia constitui a condição da apreensão da verdade e, por conseguinte, da realização da *paideia* ou da educação. A noção de que a ideia é um metro que serve para medir o conjunto do real contém a referência à atividade do artesão, o qual depende da definição de um modelo ideal para a execução da sua obra. Desse modo, um propósito instrumental passou a determinar a pesquisa da verdade. Ela não diz mais respeito ao desvelamento das coisas, ou melhor, este ficou subordinado a um dado subjetivo — a correção do olhar na direção da ideia.

Heidegger indicou o momento preciso do diálogo platônico em que se deu a transformação da doutrina da verdade: o último passo do relato, quando o personagem retorna ao interior da caverna e sente a urgência de definir as normas para "agir com discernimento e prudência nos assuntos privados, bem como nos assuntos públicos".[30] O filósofo também indagou qual teria sido o motivo dessa transformação, mas na verdade não respondeu à interrogação. Disse apenas: "No momento em que a verdade tem outro sentido, em que ela cessou de ser um não velamento ou, ao menos, de ser codeterminada por um não velamento, o Mito da Caverna não se sustenta em mais nada e não representa mais nada."[31]

Exatamente nesse ponto começa a intervenção de Hannah Arendt. Ela acompanha seu antigo mestre ao reconhecer a novidade da introdução da teoria das ideias por Platão e o

---

[30] Platão, *A República*, 517c, Lisboa, Fundação Calouste Gulbenkian, 1990.
[31] M. Heidegger, "La Doctrine de Platon sur la Verité", p. 144.

momento preciso em que isso ocorreu. No entanto, quer ir adiante e esclarecer por que essa teoria foi concebida de acordo com critérios instrumentais. Ela indaga: o que teria conduzido Platão a tomar por referência a atividade da fabricação, aparentemente tão diferente do puro pensamento, para definir a busca da verdade? Para a filósofa, a formulação da nova teoria platônica da verdade atendeu à necessidade política de determinar o princípio da autoridade do governante, isto é, do rei-filósofo.

Hannah Arendt sublinha que a transformação do conceito de verdade ocorre no último passo do mito, quando o personagem, já tendo feito o caminho no sentido ascendente, já tendo contemplado as coisas à luz do Sol e o próprio Sol, retorna ao interior da caverna e é hostilizado pelos que lá permaneceram. Nesse momento, descrito por Platão como de perplexidade e de desorientação, o personagem do mito — o filósofo que já teve acesso à verdade — precisa lidar com os hostis habitantes da caverna. Diante dessa situação, ele recorre ao saber que obteve no contato com as ideias e lhe atribui a função de fornecer parâmetros para a organização da vida entre os homens, isto é, para a política. Nesse ponto, a ideia do Bem adquire o sentido de princípio da autoridade do rei-filósofo — a qual deve ser aceita por todos, pois está referida a uma fonte transcendente, situada além do próprio domínio da política. Foi essa motivação política que condicionou a definição de verdade com o sentido normativo a que permaneceu ligada ao longo de toda a tradição.

Para Hannah Arendt, o fato de a filosofia ocidental ter sido inaugurada ao mesmo tempo em que se formulou, pela primeira vez, o conceito de autoridade política tem a ver com o antagonismo, presente na Grécia Antiga, entre o modo de vida do filósofo e a política, que teria sido exacerbado ao máximo na ocasião do julgamento e da morte de Sócrates. Em "Que é autoridade?", a filósofa argumentou que, apesar de essa base factual ter desaparecido nos séculos seguintes, a articulação exposta em *A República* permaneceu a referência para todas as doutrinas relativas à natureza do pensamento e da ação política até a modernidade.

A solução platônica definiu um cenário intelectual que tem no centro uma determinada concepção da relação entre pensamento e política. O pensamento tem por tarefa fornecer as normas para a vida prática. Nessa medida, atribuiu-se a ele uma dimensão instrumental. Por sua vez, a experiência política passou a ser concebida como o domínio dos poucos que têm acesso à verdade sobre todos os demais. Desse modo, a instrumentalidade passou a determinar, também, o sentido da política, vista agora como governo.

Em desacordo com a maioria das interpretações, Hannah Arendt acreditava que a visão da política predominante na tradição da filosofia foi condicionada pelo acentuado interesse do filósofo pela política, a ponto de, em seus primórdios, Platão ter modificado sua doutrina da verdade para conformá-la a exigências políticas. Naturalmente, este foi sempre um interesse reativo. A filosofia política tradicional manifestou o temor do filósofo diante da política e das ameaças que ela poderia conter. De qualquer forma, o nexo entre pensamento e política imaginado por Platão constituiu a base da maior parte das concepções da filosofia e da filosofia política até o século XVII.

A autoridade permaneceu uma utopia filosófica na Grécia Antiga, pois ela não correspondeu a nenhuma realidade política efetivamente existente. Foi apenas mais tarde, em Roma, que ela adquiriu um perfil historicamente definido. A política romana se baseava, de um lado, no poder que emanava do povo e, de outro, na autoridade do Senado. O caráter autoritário das decisões do Senado derivava de um vínculo com o momento de fundação da cidade, impregnado de sentido religioso. A ação dos senadores repercutia e expandia a grandeza do gesto dos fundadores da pátria. Na versão romana do princípio de autoridade, o elemento de estabilidade que garante a posição de superioridade do governante dependia da ligação (*religio*) com o momento sagrado da fundação de Roma.

Com a queda do Império, a Igreja Católica herdou o modelo político autoritário e lhe deu nova feição. A estrutura em forma de pirâmide, que sustenta, em geral, os vários autoritarismos, passou a ter em seu vértice o nascimento e a morte de Cristo, em substituição ao momento da fundação da cidade, como acontecia no período romano. Esse suporte, de grande estabilidade, garantiu a longevidade de mil anos da Igreja cristã, até que a revolução intelectual que marcou o advento da Era Moderna alterasse esse quadro.

RUPTURAS — A ERA MODERNA

A primeira versão de "Que é autoridade?" foi publicada em revista, na Alemanha, em 1956.[32] Ao tomar conhecimento do texto, Karl Jaspers reagiu com duras críticas. Questionou a

---

[32] "O que é autoridade?" foi publicado na revista *Der Monat*, nº 89, fevereiro de 1956.

leitura do mito da caverna, muito dependente da interpretação de Heidegger, considerada por ele completamente equivocada, e opôs-se ao argumento geral do ensaio, afirmando que ainda havia muito mais autoridade no mundo contemporâneo do que Hannah Arendt imaginava.[33] As observações de Jaspers não foram bem recebidas pela antiga aluna.

Para Hannah Arendt, o exame da crise contemporânea da autoridade política constituía um desdobramento das pesquisas sobre o totalitarismo, que resultaram no livro de 1951. Já na introdução, ela adiantara que os movimentos totalitários se estabeleceram porque souberam tirar proveito do desmantelamento das estruturas políticas tradicionais. Nos anos seguintes à publicação de *Origens do totalitarismo*, ao longo da preparação de *A condição humana* e dos textos que seriam coligidos em *Entre o passado e o futuro*, a falência da autoridade política foi considerada um aspecto de uma crise bem mais ampla que atravessava a história europeia moderna, desde o seu início no século XVII. Por isso, a pesquisa se concentrou, naquele momento, no tema das rupturas da história moderna.

O propósito central de *A condição humana* (1958) foi pesquisar a *vita activa* do homem, composta pelas atividades do labor, do trabalho e da ação. O livro apresenta também um viés histórico, do que resultou um retrato da Era Moderna. O último capítulo — "A *vita activa* e a Era Moderna" — examina os três acontecimentos que inauguraram a modernidade: a descoberta dos novos continentes, a Reforma e a invenção do telescópio por Galileu. Os três conduziram a alguma forma de alienação do mundo — o traço característico da história moderna.

---

[33] Hannah Arendt e Karl Jaspers, *Correspondence* 1926/1969, carta 184.

O TOTALITARISMO E A CRISE DA AUTORIDADE

No prólogo do livro, a alienação foi descrita como um duplo voo, com o intuito de caracterizar seus dois aspectos. Por um lado, ela resultou de que as ciências modernas deslocaram da Terra para o Universo infinito o ponto de referência para a compreensão de toda a realidade. As invenções dos novos cientistas, Galileu, Descartes e Newton, fizeram com que a validade das proposições científicas não se limitasse mais ao entorno humano — o âmbito terrestre — e tornaram possível à ciência alçar voo até a adoção de um ponto de vista universal. Por outro lado, a filosofia moderna e toda a nova mentalidade voltaram sua atenção do mundo exterior para dentro do homem, em um acentuado subjetivismo.

O evento inaugural da modernidade — a descoberta dos novos continentes — apontava a direção a ser tomada pelo desenvolvimento da técnica, que conduziria o homem até muito longe de sua morada terrena, em um movimento acelerado de encurtamento das distâncias. "A humanidade não permanecerá para sempre presa à Terra." Estas palavras gravadas no mausoléu de um importante cientista russo do século XX expressam a atitude de repúdio da Terra, tradicionalmente considerada a mãe de todos os seres vivos, que já se insinuava nas aventuras dos grandes navegadores.

A Reforma, por sua vez, desapropriou as terras da Igreja e provocou o deslocamento da população camponesa para as cidades, onde formou uma massa extremamente pobre, destituída de bens, que só dispunha de sua força de trabalho para vender.

A invenção do telescópio, por Galileu, foi o evento mais decisivo para a definição do modo de ser da época que se iniciava e foi o que, possivelmente, menos chamou a atenção.

A incorporação do telescópio como instrumento de investigação pela ciência moderna esteve na base da alteração radical da maneira de se conceber a verdade. O telescópio apresentou-se como um desafio para a confiança tradicional na capacidade de os sentidos apreenderem a realidade. Naquele momento, os homens perceberam que, por terem se fiado nos sentidos, tinham sido sempre enganados, pois o telescópio apresentava como sendo verdade aquilo que, sem ele, permaneceria para sempre escondido. A verdade deixou de ser acessível de forma imediata; uma cisão entre ser e aparência foi instaurada. Isto levou Hannah Arendt a concordar com Marx, que afirmou que a ciência moderna seria supérflua, caso a aparência das coisas coincidisse com sua essência.[34]

A visão do mundo inaugurada na aurora da Era Moderna — que se apresenta como uma repercussão da revolução científica — teve expressão teórica na filosofia de René Descartes, que pretendeu destruir sua própria obra, ao tomar conhecimento da condenação de Galileu pelas autoridades eclesiásticas. A perda de confiança na capacidade receptiva dos sentidos resultou em localizar na dúvida o ponto de partida da investigação filosófica. Mais do que isso, nas *Meditações metafísicas*, Descartes sublinhou o efeito muito abrangente e profundo da dúvida. Ela não atingiu apenas o depoimento dos sentidos, mas questionou a capacidade receptiva humana de apreender a verdade em sentido geral, seja ela de ordem sensível ou puramente intelectual. Se o espanto (*tháuma*) tinha sido para os filósofos antigos a origem do pensamento e da filosofia, a dúvida foi o elemento inspirador da filosofia moderna. A

---

[34] Hannah Arendt, *Entre o passado e o futuro*, p. 59.

O TOTALITARISMO E A CRISE DA AUTORIDADE

Era Moderna substituiu a antiga confiança na capacidade humana de abrir-se à verdade pela incerteza.

A proposta de Descartes de superação da situação de radical ceticismo exigiu o recurso da introspecção. Tendo caído nas águas muito profundas da dúvida, sem poder nadar nem firmar os pés no fundo,[35] o homem precisou apelar para a única certeza a que podia ter acesso — a do próprio pensamento que duvida. Ao duvidar, o sujeito pensa. Assim, uma primeira certeza é assegurada, relativa à existência do sujeito pensante. No entanto, no mesmo momento, apresentou-se a ameaça do solipsismo, que assombrou toda a história do pensamento moderno. A preocupação que sempre retornou nos séculos seguintes tem a ver com a incerteza de haver garantias de que aquilo que se toma como verdade não seja simples ilusão ou a mera projeção de experiências estritamente subjetivas. Hannah Arendt recorreu, mais de uma vez, ao comentário do físico contemporâneo Werner Heisenberg, que dizia que o homem, ao procurar os fundamentos das ciências naturais atuais, corria o risco de encontrar apenas a si próprio.[36] Ela concordava com a posição do cientista. Para ela, o sentimento de instabilidade do mundo e a falta de realidade marcaram a mentalidade moderna desde o início.

Outra consequência da crise do padrão cognitivo tradicional, baseado no poder da contemplação, foi a elevação da figura do *homo faber* à posição de máxima importância. Já o fato de que foi a intervenção de um artefato humano — o

---

[35] Descartes, "Segunda meditação", in *Meditações*.
[36] Hannah Arendt, *A condição humana*, p. 274.

telescópio — que possibilitou à nova ciência a aquisição de conhecimento mostrou que uma nova visão do mundo, cujos critérios derivavam das atividades produtivas, havia sido instaurada. O homem moderno reconheceu que, por não poder mais confiar na capacidade de acolher a verdade, ele deveria, ao menos, estar apto para conhecer aquilo que ele próprio fabrica. Uma nova maneira de conceber o conhecimento foi inaugurada, a qual compreendeu o acesso à verdade como um ato de intervenção na realidade, com o recurso de um aparato técnico. A noção moderna de experimentação definiu-se nesse momento. As novas ciências não mais se contentavam em observar a natureza, mas a interrogavam e se relacionavam ativamente com ela. Na mesma direção, Giovanni Batista Vico, considerado o pai da ciência moderna da história, defendeu a tese de que as ciências históricas são mais confiáveis do que as ciências da natureza, pois elas se ocupam de feitos que resultam da atividade do próprio homem e não daquela de Deus.

A elevação da vida ativa do homem a uma posição de superioridade foi o fator decisivo para o ingresso na Era Moderna. Nesse momento, o trabalho ou fabricação destacou-se como a mais importante atividade do homem. Todas as qualidades do trabalhador — a produtividade, a eficiência, a capacidade de planejar e de organizar tarefas — foram valorizadas. Essa alteração esteve na base da criação de novas formas de organização social, de um crescimento nunca visto da atividade econômica, da instauração de formas inéditas de governo e de maneiras de pensar e de fazer arte, que foram estudados por grandes autores, como Marx e Max Weber, ambos considerados por Hannah Arendt em suas pesquisas.

O TOTALITARISMO E A CRISE DA AUTORIDADE

A DERROTA DO *HOMO FABER*

A modernidade, em seu início, destacou a figura do *homo faber*. Ao longo dos séculos seguintes, a fabricação cedeu lugar ao labor — a atividade responsável pela manutenção e reprodução da vida do homem — e a figura do *homo faber* foi substituída pela do *animal laborans*.

Para Hannah Arendt, a civilização que valorizou os atributos típicos do *homo faber*, exigidos no cumprimento de tarefas com finalidades muito precisas, estava, desde o início, estruturada sobre bases pouco sólidas. O que levou a isso? As atividades produtivas dependem do reconhecimento, pelo pensamento, de padrões estáveis, a partir dos quais elas são organizadas. Mesmo o artesão em seu ofício precisa dispor mentalmente do modelo do artefato que vai ser fabricado. A vida do *homo faber* é planejada para atingir metas previamente determinadas. Ela é teleologicamente articulada, depende da definição de uma finalidade.

Ora, a modernidade experimentou, já em seus primórdios, a descrença na capacidade humana de apreender, de forma imediata, todo tipo de certeza. Por isso, o acesso aos padrões estáveis de que o processo produtivo necessita ficou bloqueado. Isto significou que a atividade do *homo faber* perdeu seu princípio norteador. Ao mesmo tempo em que elegeu o trabalho como principal atividade, a Era Moderna arruinou sua estabilidade, ao impedir a fixação de padrões de orientação.

A perda da estabilidade do mundo do trabalho coincidiu com a mudança do significado do conceito de processo — o mais importante para a caracterização do cenário moderno.

No início da Era Moderna, a noção de processo dizia respeito ao desdobramento, em etapas, do trabalho humano, com o propósito de alcançar um objetivo previsto. O processo se realizava e terminava na confecção de um produto. Importantes correntes filosóficas refletiram esta visão do homem como um construtor. A obra máxima da filosofia moderna — a *Crítica da razão pura*, de Immanuel Kant — propôs substituir a posição servil do intelecto diante da experiência por uma atitude ativa e legisladora. Também as filosofias políticas da época, como a de Thomas Hobbes, analisaram a vida política de um ponto de vista técnico.

No entanto, gradativamente, nos séculos seguintes, a referência à presença de marcos reguladores foi sendo eliminada da noção de processo. Na segunda metade do século XIX, o conceito de processo passou a significar um movimento incessante e repetitivo, que não é orientado na direção de um fim a ser alcançado. A essa altura, ao eliminar-se a referência a um objetivo, o movimento passou a valer por si próprio.

As teorias da evolução, nas ciências biológicas, e as filosofias da vida, surgidas nessa época, refletiram conceitualmente a elevação do labor à posição mais alta entre as atividades humanas. Nesse momento, formulou-se um conceito de história muito diferente daquele presente nas filosofias da história de inspiração iluminista, como as de Hegel e de Marx. Para estes autores, a história representava a escalada da humanidade, por meio da superação de várias etapas, até sua plena realização. Por sua vez, a nova mentalidade da biologia e das filosofias da vida concebia a história como um processo em contínua evolução, que devia ser representado nos moldes das cadeias evolutivas das espécies animais.

Isso correspondeu a uma mudança de posição das atividades constitutivas da *vita activa* do homem. O trabalho, que na aurora da Era Moderna tinha sido alçado a uma posição superior, cedeu lugar à atividade do labor. Em *A condição humana*, o labor é visto como correspondente da condição do homem como ser biológico. Ele serve para atender às necessidades de manutenção e de reprodução da vida. O ciclo de vida de um indivíduo continua por gerações sucessivas. Se fosse ainda o caso de falar do progresso nesse contexto, ele deverá corresponder ao desenvolvimento dos processos evolutivos.

Já se observou que as ideologias totalitárias do século XX — o nazismo e o comunismo — não se fundamentaram em nenhuma perspectiva utilitarista, mas pretenderam ser a expressão da evolução natural das raças e das classes. A expansão dos Estados totalitários, antecipada pela voracidade imperialista, não deveria ter fim. O aparecimento das ideologias e dos movimentos totalitários coincidiu com a ruína de um mundo que confiava em que a história tinha uma direção e um significado. O terror mobilizado nesses sistemas políticos não foi um instrumento para apressar a chegada de um desígnio final, mas servia para facilitar a expansão incessante de uma raça ou de uma classe social.

Do ponto de vista da história política, esse cenário correspondeu à etapa mais avançada da corrosão da autoridade política. No início da Era Moderna, no momento em que se impôs uma nova configuração teórica que abalou a crença na faculdade humana de apreensão imediata da realidade, também a autoridade política ficou ameaçada. A história do pensamento político no Ocidente começou com a afirmação de um enlace entre o conhecimento teórico e a política, considerada sob o aspecto da autoridade. A autoridade estava associada à possibilidade de reconhecimento de um padrão a que se tinha acesso imediatamente pelo poder da contemplação. A Era Moderna desfez esse enlace. Que novo cenário se descortina a essa altura?

As últimas páginas de "Que é autoridade?" propõem um retrato do mundo atual esvaziado da figura da autoridade política. Foram vãs todas as tentativas de resgatar a autoridade perdida — as dos movimentos revolucionários, em diversos momentos da história moderna, e as dos conservadores. Esse retrato revela um ambiente sombrio marcado pela desorientação e pelas monstruosas soluções totalitárias.

Porém, a mensagem final de "Que é autoridade?" acrescenta outro tom a essas considerações. As últimas linhas do ensaio abrem caminho para a abordagem de aspectos da experiência política nunca antes explorados:

> Pois viver em uma esfera política sem autoridade nem a consciência concomitante de que a fonte desta transcende o poder e os que o detêm, significa ser confrontado de novo, sem a confiança religiosa em um começo sagrado e sem a proteção de padrões de conduta tradicionais, e portanto autoevidentes, com os problemas elementares da convivência humana.[37]

---

[37] Hannah Arendt, *Entre o passado e o futuro*, p. 187.

CAPÍTULO II Política

> "Deus criou o homem, *os* homens são um produto humano, terrestre, o produto da natureza humana."
>
> Hannah Arendt

INTRODUÇÃO À POLÍTICA

Como apresentar ao leitor o pensamento político de Hannah Arendt? Com a exposição de *A condição humana*, especialmente do capítulo sobre a ação — a atividade correspondente da condição plural da existência humana que efetiva a experiência política? Ou com a discussão do ensaio dedicado à liberdade, incluído em *Entre o passado e o futuro*, já que a liberdade, como a filósofa afirmou tantas vezes, é a razão de ser da política? Certamente, estes são caminhos que conduzem diretamente ao núcleo da concepção arendtiana de política. No entanto, a própria Hannah Arendt, quando se viu diante do desafio de explicar ao público o significado da política, adotou um procedimento bem diferente.

Em seus escritos, Hannah Arendt esteve sempre atenta à situação e à expectativa dos leitores a que se dirigia. Isto se aplica aos livros nos quais foram elaboradas suas teses principais, como *A condição humana* e *A vida do espírito*, e, mais ainda, aos textos de intervenção no debate político, como alguns ensaios de *Entre o passado e o futuro* e de *Crises da república*. Essa preocupação é ainda mais evidente em *Introdução à política*, um livro iniciado nos anos 1950 e nunca concluído, cujo propósito era introduzir o leitor na discussão do tema do significado da política, e que tomou como ponto de partida o questionamento dos preconceitos relativos ao assunto.

Em que consiste *Introdução à política*? Trata-se do seguinte: por ocasião de uma visita ao antigo professor e amigo Karl Jaspers, em Basel, na Suíça, em 1955, Hannah Arendt recebeu um convite do editor Klaus Piper para escrever uma *Introdução à política*, nos moldes da *Introdução à filosofia*, de Jaspers, publicada em 1950. O livro deveria fazer parte de uma coleção que apresentava ao leitor temas importantes da tradição filosófica, discutidos à luz da situação contemporânea. O convite coincidia com o lançamento, na Alemanha, de *Origens do totalitarismo*, e esperava-se ampla repercussão. Em carta ao marido — Heinrich Blücher —, Hannah Arendt contou que estava animada para voltar a escrever em alemão.[38] Ela daria uma série de palestras no ano seguinte, em Chicago, sobre assuntos que mais tarde seriam o assunto da parte central de *A condição humana*, mas esperava poder ocupar-se da *Introdução* no verão de 1956.

---

[38] Hannah Arendt e Heinrich Blücher, *Briefe 1936-1968*, p. 422.

POLÍTICA

Nos anos seguintes até 1959, é possível localizar na correspondência da autora a menção a várias tentativas de dar andamento ao trabalho, que, afinal, nunca foi concluído. O envolvimento com a elaboração de *A condição humana* e de *Sobre a revolução*, pouco depois, uma série de viagens e, finalmente, a recusa, por parte de uma importante fundação, da concessão de uma bolsa para financiar o trabalho levaram ao cancelamento do contrato com a editora, em 1960. Hannah Arendt conservou as anotações feitas para o livro. Em 1993, quase vinte anos depois de sua morte, elas foram publicadas, juntamente com outros documentos relacionados à obra nunca terminada.[39]

Hannah Arendt concebeu mais de um plano para o livro. Um deles está exposto no pedido de financiamento à Fundação Rockefeller, em 1959. Na verdade, essa versão do projeto é bastante convencional. Muito diferente é o tom do que foi apresentado ao editor alemão e das anotações pessoais. Nesses casos, a autora quis que o livro acolhesse as perplexidades dos seus contemporâneos diante da dramática situação política da época. A preocupação com a atualidade é a diretriz que define a estrutura do projeto. A obra deveria conter duas partes. A primeira seria dedicada aos temas da guerra e das revoluções, que, como previra Lenin, foram os traços que definiram a fisionomia política do século XX. Este primeiro passo deveria conduzir à consideração do papel da violência na política. A introdução à política propriamente dita deveria ocupar a segunda parte do livro.

---
[39] Hannah Arendt, *O que é política?*.

Além disso, Hannah Arendt havia projetado uma seção introdutória para a primeira parte, à qual deu o título de "Tem a política ainda algum sentido?". A pergunta não era feita a partir das elaboradas discussões dos filósofos e dos cientistas políticos (embora isso também merecesse um exame), mas das expectativas do grande público. A autora reconhecia que tinha uma resposta clara e definitiva para a pergunta, que tornava todas as outras supérfluas: o sentido da política é a liberdade. No entanto, essa resposta não era mais evidente para os homens da sua época, e tampouco tinha sido para os estudiosos do assunto.

A situação política naquele momento — meados dos anos 1950 — favorecia uma avaliação muito negativa da vida política. Vivia-se em um ambiente marcado pelo ressentimento da política e a liberdade era vista como dissociada dela. Quais motivos explicavam essa atitude tão fortemente reativa?

Foram tantos e tão graves os desastres provocados pela política ao longo do século XX que a pergunta sobre o seu sentido soava, naquele momento, impertinente e, até mesmo, agressiva. Os anos que se seguiram à Segunda Guerra Mundial foram de acirramento da Guerra Fria. Sentia-se, constantemente, a ameaça de uma catástrofe nuclear e eram ainda muito vivos os traumas causados pelo nazismo. Além disso, no final dos anos 1940, foram revelados os crimes cometidos nos campos soviéticos.

Como reconhecer um sentido da política em uma situação em que os horrores dos regimes nazista e estalinista eram vistos como o resultado da hiperinflação do âmbito político, que motivara a invasão e até a supressão de todas as demais esferas da vida? Como não temer a política, quando se sabia que, na atualidade, o desenvolvimento da tecnologia dera às lideranças políticas mundiais o poder de, a um simples toque, eliminar a vida da face da Terra? Hannah Arendt reconhecia que, nesse ambiente, a pergunta sobre o sentido da política era formulada de forma muito mais radical e num tom muito mais desesperado do que em outras épocas.

A atitude de Hannah Arendt diante dessas avaliações foi de mostrar que elas encerravam uma série de preconceitos relativos à política que precisavam ser explicitados, examinados e descartados. Essa tarefa era da maior importância, pois, como ela sabia, os preconceitos apresentam-se como obstáculos para a enunciação de verdadeiros juízos, e o pensamento político funda-se essencialmente na faculdade de julgar.

Um primeiro preconceito envolvido na compreensão da política tinha por base a crença de que o Estado é a sua sede. Argumentava-se da seguinte forma: se os regimes totalitários tinham se firmado por meio da expansão do aparato estatal e este era identificado com a política, era natural que se devesse resistir à pressão da política para resguardar as liberdades que reconhecidamente não são políticas, como a de pensamento, da atividade econômica e de toda a esfera privada da vida. Isso conduzia, necessariamente, a uma visão da liberdade dissociada da política ou, até mesmo, como seu contrário.

Hannah Arendt reconhecia que esse preconceito motivava uma avaliação equivocada dos regimes totalitários, ao não levar em conta sua originalidade, que residia no fato de terem promovido a eliminação de toda atividade política e de toda espontaneidade, e nunca sua expansão, e de, além disso, terem cancelado todas as salvaguardas das esferas privadas da vida. Do ponto de vista das posições políticas em jogo, a adesão a esse preconceito legitimava uma visão do combate ao totalitarismo que priorizava a defesa de uma forma fraca e apolítica de liberdade — posição que era compartilhada por conservadores e liberais.

Já a suspeita que recaía sobre as lideranças políticas do período da Guerra Fria era alimentada por uma óptica moralista da política. Julgava-se que a política precisava ser moralizada para evitar o desastre nuclear, na suposição ingênua de que o discernimento das lideranças políticas dependia mais da adesão a um determinado código moral e não de uma tomada de posição em um debate em que os argumentos eram de natureza propriamente política.

Além disso, a política era vista de uma perspectiva instrumental. No caso, ela certamente não aparecia como um meio de assegurar o bem-estar dos cidadãos, mas era uma arma de destruição da vida sobre a Terra. Por trás desse preconceito, fortalecido com a invenção da bomba atômica, havia o medo de que a humanidade pudesse ser destruída pela política e os meios violentos à sua disposição. Diante desse cenário, era inevitável que surgisse a seguinte indagação: quem sabe a humanidade voltará à razão e decidirá livrar-se da política de uma vez por todas, antes de ser destruída por ela?

Era esse o estado de espírito que predominava nos anos em que Hannah Arendt trabalhava em sua *Introdução à política*.

Aqueles que ainda guardavam a lembrança da luta contra o nazismo identificavam a política com a opressão do Estado e queriam proteger a liberdade da política. Outros achavam que a política tinha de ser submetida aos imperativos da moral, na esperança de resgatar alguma autoridade perdida. Ainda outros associavam a política à violência: tanto os que temiam o desastre de uma guerra nuclear quanto a Nova Esquerda, que via na violência um meio a que os movimentos de libertação deveriam recorrer, nas últimas guerras coloniais. Finalmente, a política aparecia para o público em geral não como uma atividade com um sentido em si mesma, mas como um instrumento para assegurar a concessão dos benefícios sociais, tal como ocorria nos países ricos da Europa e da América do Norte e como deveria acontecer no resto do mundo. Para os que defendiam essa posição, a política ficava subordinada às necessidades sociais.

Assim, o público que Hannah Arendt pretendia atingir com seu livro já tinha uma resposta negativa à pergunta sobre se ainda existia um sentido da política. Ao dramático esvaziamento da vida política, ele reagia afastando-se dela, sem nunca considerar a gravidade das transformações da vida contemporânea. Nessa situação, os preconceitos enraizados no passado e fortalecidos pelo fato de proporcionarem conforto intelectual serviam de anteparo para impedir o exercício de qualquer julgamento.

Por sua vez, Hannah Arendt acreditava que a política tem um sentido: a liberdade. Sem dúvida, era difícil sustentar essa posição em um ambiente no qual a experiência política nunca era considerada em sua dignidade, mas era vista como um meio para atingir objetivos definidos fora dela, como o de garantir a ordem pública, assegurar a autoridade dos governantes ou distribuir os benefícios sociais. Muitas vezes, essas avaliações modernas tinham raízes em doutrinas muito antigas, como a que está presente na *Política* de Aristóteles, que afirmava que a política é a expressão de uma necessidade natural do homem.[40]

Hannah Arendt indagou: como é possível afirmar que a liberdade é a razão de ser da política, quando se pensa que ela está subordinada a necessidades imperiosas do homem ou comprometida com a realização de tarefas que não são políticas, como as de ordem social e econômica? De forma ainda mais clara, argumentou em outra passagem:

> A política não é necessária, em absoluto — seja no sentido de uma necessidade imperiosa da natureza humana, como a fome ou o amor, seja no sentido de uma instituição indispensável do convívio humano. Aliás, ela só começa onde cessa o reino das necessidades materiais e da força física. Como tal, a coisa política existiu sempre e em toda parte tão pouco que, falando em termos históricos, apenas poucas grandes épocas a conheceram e realizaram.[41]

PRECONCEITOS EM RELAÇÃO À POLÍTICA — DOIS CONCEITOS DE LIBERDADE

Não é de surpreender que nos anos 1950 predominasse entre os habitantes dos países ocidentais uma atitude diante da política extremamente negativa. Uma parte considerável deles tinha sofrido, muito recentemente, a ameaça do nazismo, e no ambiente da Guerra Fria, ideologicamente muito polari-

---
[40] A conhecida afirmação de Aristóteles encontra-se em *Política*, livro I, capítulo 1: "A cidade é uma criação natural e o homem é por natureza um animal social, não apenas por acidente."
[41] Hannah Arendt, *O que é política?*, p. 50.

zado, era conhecida a dura repressão desencadeada na União Soviética e nos países do Leste Europeu — sobretudo a invasão da Hungria pelos soviéticos, em 1956, causou um verdadeiro choque. A opinião geral era de que nos países totalitários o Estado havia assumido uma dimensão monstruosa que oprimia todas as outras esferas da vida. E, uma vez que o Estado era visto como a sede da política, um forte ressentimento contra ela brotava naturalmente entre a população. Não era verdade que todas as formas de liberdade — de culto, de expressão e de pensamento, de associação de qualquer tipo e, no caso soviético, de trocas econômicas — haviam sido banidas no totalitarismo? Era preciso, então, proteger, em toda parte, essas liberdades contra o Estado, o que significava defendê-las da política. Para o público a que Hannah Arendt se dirige, não apenas a liberdade não estava associada à experiência política, mas era mesmo o seu contrário. Um abismo parecia separar política e liberdade. No entanto, Hannah Arendt continuava a crer que o sentido da política é a liberdade.

No debate político da época, entendia-se, em geral, a liberdade como a ausência de constrangimentos. Essa definição negativa da liberdade insere-se em uma longa tradição do pensamento político, na qual se destaca a figura do filósofo inglês Thomas Hobbes (1588-1679). No *Leviatã*, ele afirmou que "por liberdade entende-se, conforme a significação própria da palavra, a ausência de impedimentos externos", "que tiram parte do poder que cada um tem de fazer o que quer".[42] E, no capítulo em que define a liberdade dos súditos,

---

[42] Thomas Hobbes, *Leviatã*, p. 112.

retomou a noção de que o homem livre é "aquele que, naquelas coisas que graças à sua força e engenho é capaz de fazer, não é impedido de fazer o que tem vontade de fazer".[43]

Hobbes escreveu seu livro no exílio, na França, numa época em que a Europa era varrida pelas guerras religiosas, e era seu propósito apresentar uma solução para aqueles graves conflitos. O cenário que ele presenciou, e que avaliou por uma óptica bem pessimista, era a "guerra de todos contra todos", que ameaçava a sobrevivência das nações.

Para evitar a destruição dos homens uns pelos outros, Hobbes defendeu a instauração do Estado forte, encarnado na figura do Leviatã, ao qual seria delegada toda a força, por meio de um contrato estabelecido entre os habitantes da nação. Este contrato determinava que os súditos abrissem mão de sua liberdade política e transferissem o direito de se governar para o soberano. Este, por sua vez, devia garantir que houvesse "uma segurança suficiente para que, mediante seu próprio labor e graças aos frutos da terra", os homens pudessem "alimentar-se e viver satisfeitos".[44]

É verdade que, em contraste com o que pensavam os teóricos liberais contemporâneos de Hannah Arendt, Hobbes nunca achou que as liberdades individuais precisassem ser defendidas da opressão do Estado. Ao contrário, cabia ao Estado o papel imprescindível de estabelecer a segurança necessária para o livre desempenho das atividades privadas dos súditos. No entanto, a noção de que a liberdade encontra-se apartada da experiência política, bem como um acentuado

---
[43] *Ibidem*, p. 179.
[44] *Ibidem*, p. 147.

individualismo inspiraram as correntes do liberalismo político e asseguraram seu sucesso entre o público em geral no período posterior à Revolução Francesa.

A doutrina liberal concebe a liberdade como o conjunto das liberdades individuais e define o Estado como seu garantidor. Seus defensores estão sempre prontos a denunciar qualquer desvio dessa visão da liberdade. Para eles, isso ocorre quando o Estado extrapola seu papel de protetor das liberdades individuais e apresenta-se como a manifestação de algum desígnio superior definido positivamente, por exemplo, a vontade geral em Rousseau, a realização do sentido da história em Hegel e em Marx, ou mesmo a promoção da justiça social.

Como se pode notar, duas doutrinas da política e da liberdade entram em choque a essa altura. De um lado, o liberalismo entende que os indivíduos devem desenvolver suas atividades — intelectual, religiosa, econômica etc. — longe da interferência do Estado e da política, e considera o Estado uma instância estritamente reguladora. De outro, os defensores de uma concepção positiva da liberdade sublinham a associação da liberdade com a política, a qual é vista como um instrumento de libertação dos homens na direção da sua plena realização. Ao longo dos séculos, esse propósito ganhou diversas versões. Por exemplo: os iluministas do século XVIII entenderam que a humanidade caminhava no sentido do pleno esclarecimento; Marx e seus seguidores, no século XIX, conceberam a libertação como a abolição de todas as classes; outros, ainda, apostaram que o progresso conduziria à liquidação das injustiças sociais e ao estabelecimento da paz entre os homens. Em todos esses casos, algum princípio superior se encarna nas instituições políticas e constitui sua finalidade.

Os pensadores liberais sempre denunciaram o que consideraram como os traços autoritários dessa concepção positiva da liberdade. Eles indagam: como assegurar que qualquer desses princípios — justiça, paz, o sentido da história etc. —, ao se incorporar nas instituições políticas, não se transforme em uma força de opressão de cada um dos homens? Como impedir sua personalização na figura de um ditador, como de fato ocorreu em tantos momentos da história?

Esses temores condicionaram a doutrina dos teóricos do liberalismo no período do segundo pós-guerra, entre os quais se destaca o inglês Isaiah Berlin, filósofo e historiador das ideias que escreveu o conhecido ensaio "Dois conceitos de liberdade".[45] O tom polêmico dessa conferência de 1958, feita em defesa do conceito negativo de liberdade e para repudiar toda definição positiva, sobretudo em suas versões hegeliana e marxista, espelha a exacerbada polarização do debate político da época. Berlin entendia que a adoção de um conceito de liberdade baseado em uma visão determinada de felicidade, de desempenho do dever, de sabedoria, de uma sociedade justa ou da autorrealização, servia apenas para justificar a opressão do eu empírico dos indivíduos por um eu idealizado, de que os homens ainda não tinham plena consciência, mas que deveriam ainda atingir.

Em seu ensaio, Berlin inspirou-se no célebre discurso de Benjamin Constant, *Sobre a liberdade dos antigos comparada*

---

[45] Isaiah Berlin, "Dois conceitos de liberdade", *Estudos sobre a humanidade*.

com a dos modernos, pronunciado no Athénée Royal de Paris, em 1819, considerado um marco do pensamento liberal.[46] Em Benjamin Constant, encontra-se a primeira versão da oposição entre as concepções negativa e positiva da liberdade, que ele associou às formas de organização política moderna e antiga, respectivamente. A tese central do discurso sustenta-se em uma visão da história segundo a qual o mundo antigo, que privilegiava na experiência política a participação direta na vida pública, foi substituído modernamente por uma sociedade de comerciantes, os quais delegam a seus representantes a defesa de seus interesses no Parlamento. Em Benjamin Constant, ainda se nota a referência, até mesmo emocionada, ao significado daquele mundo desaparecido, no qual a liberdade queria dizer "a partilha do poder social entre todos os cidadãos de uma mesma pátria".[47] Isto explica o enorme contraste entre o tom do discurso do político francês e o dos autores contemporâneos de Hannah Arendt, com sua avaliação muito ressentida da vida política.

De todo modo, o ensaio de Isaiah Berlin manteve-se até hoje, sobretudo nos países de língua inglesa, uma importante referência para os teóricos da política.[48]

A posição de Hannah Arendt a respeito da definição da natureza da política e a avaliação do quadro político de sua época eram muito diferentes das que foram adotadas pelos protagonistas desse debate. Ela não se identificava com a

---

[46] Benjamin Constant, "De la liberté des anciens comparée à celle des modernes", *Écrits politiques*.
[47] *Ibidem*, p. 603.
[48] O artigo de Quentin Skinner, "The republican ideal of political liberty", faz uma apresentação desta discussão, em *Machiavelli and republicanism*.

posição liberal que dissociava a liberdade da política. A seu ver, a razão de ser da política é a liberdade. Ela tinha lido Aristóteles, nos seminários de Heidegger, seu professor nos primeiros anos de universidade em Marburgo, e aprendera que a liberdade é um exercício dos homens em interação, que ocorre quando eles se encontram em posição de igualdade, realizado geralmente em forma discursiva, tendo por pressuposto a demarcação de um ambiente — para os gregos, a pólis —, distinto de outro — a esfera pré-política —, no qual os homens se ocupam com a satisfação de suas necessidades privadas. O ingresso no mundo da política tem como pré-requisito a solução das carências relativas à manutenção da vida. Isto não significa, porém, que a política tenha que atender a essas necessidades. Hannah Arendt está de acordo com Aristóteles quando este afirma que são muitas as formas de associação entre os homens, e que a maioria delas tem a função de garantir a sua segurança, mas apenas uma delas — a associação política — possibilita a participação em uma nova forma de vida — uma vida melhor.[49]

Hannah Arendt também não se alinhava à posição dos defensores da concepção positiva de liberdade. Para estes, entre os quais se incluem os pensadores progressistas e revolucionários desde o século XIX, a liberdade e a política não estão separadas. Eles creem na experiência política como um instrumento de libertação dos homens dos entraves que impedem seu aperfeiçoamento em determinada direção. Reconhecem, desse modo, que existe uma finalidade que orienta

---

[49] Hannah Arendt, *Política*, livro I, capítulo 1.

o exercício da política. Para Hannah Arendt, essa crença, ao postular a existência de um princípio diretor ou de uma finalidade da política, apresenta-se como um obstáculo para a apreensão da dimensão da espontaneidade, que é parte essencial da experiência política.

Os critérios definidos de acordo com uma finalidade regem o conjunto das atividades produtivas. Em diversos momentos da história, o campo de aplicação desses critérios expandiu-se enormemente e uma visão utilitarista do mundo passou a prevalecer. Isto aconteceu especialmente na abordagem dos assuntos relativos à política. Tanto os filósofos antigos quanto os arautos modernos de uma concepção positiva da liberdade viram a política como um meio de realizar alguma finalidade, e por isso confundiram duas esferas de atividades bem diferentes — a fabricação e a ação. O resultado dessa atitude foi que não puderam dar conta do verdadeiro significado da política, que é a liberdade.

Em "Que é liberdade?", ensaio incluído em *Entre o passado e o futuro*, Hannah Arendt afirmou que a ação, isto é, a atividade que constitui a matéria da política, "deve ser livre, por um lado, de motivos, e, por outro, do fim intencionado como um efeito previsível". Em seguida, acrescentou: "Isso não quer dizer que motivos e objetivos não sejam fatores importantes em todo ato particular, mas eles são seus fatores determinantes, e a ação é livre na medida em que é capaz de transcendê-los."[50]

---

[50] Hannah Arendt, *Entre o passado e o futuro*, p. 198 (tradução modificada).

A CONCEPÇÃO INSTRUMENTAL DA POLÍTICA

Ao longo dos anos 1950, desde a publicação de *Origens do totalitarismo* (1951), Hannah Arendt dedicou-se ao questionamento da concepção instrumental da política. Finalmente, em *A condição humana* (1958), ela chegou à formulação precisa da tese da irredutibilidade da ação a todas as demais atividades, especialmente o trabalho ou fabricação. Isto foi decisivo para considerar os assuntos políticos em sua dignidade própria.

Em uma nota sobre Marx, no *Diário de pensamento*, no mesmo ano da publicação de *Origens do totalitarismo*, esse questionamento já está presente.[51] Hannah Arendt comenta os danos causados à filosofia política, não apenas à de Marx, mas de uma longa linhagem de autores que remonta a Platão, com a aplicação dos critérios das atividades produtivas ao âmbito da política. Eles seriam de duas ordens: em primeiro lugar, essa aplicação impediria a apreciação da dimensão plural da experiência política; além disso, ela seria um obstáculo para dar conta do modo de ser espontâneo e imprevisível do agir humano.

A argumentação de Hannah Arendt baseia-se no exame da natureza das atividades produtivas, que destaca inicialmente o fato de todo processo produtivo ocorrer em uma situação de isolamento. Para dedicar-se à execução de sua obra, o *homo faber* recolhe-se sozinho em seu trabalho; sua atenção fica absorvida pelas decisões relativas à escolha e à organização dos meios para alcançar determinado objetivo.

---

[51] Nota 1, maio de 1951.

Por esse motivo, Hannah Arendt propôs uma definição da figura do autor como quem, no seu isolamento, tem o controle sobre o processo de confecção de determinado produto. Do ponto de vista da política, o correlato da figura do autor é o tirano que comanda, isolado, os negócios políticos.

Foi devido a essa situação de isolamento do tirano que as tiranias foram vistas, desde a Antiguidade, como formas marginais de organização política. Também o ideal de soberania perseguido pelas modernas teorias do Estado, a partir do Renascimento, foi concebido de acordo com os mesmos critérios. Por sua vez, as filosofias da história, do período do Iluminismo em diante, como as de Kant e Hegel, ao elegerem a humanidade como o único autor da história, responsável por sua consumação em um momento futuro, tomaram a mesma direção.

Todas essas doutrinas, antigas e modernas, ao postularem a existência de uma direção única da ação, de um só autor da história ou de um sujeito soberano que concentra todo o poder, não levaram em conta a dimensão plural do agir humano, sendo consideradas por Hannah Arendt como antipolíticas.

Em contraste com as atividades produtivas, a ação política nunca se realiza no isolamento, mas depende da presença de diversos agentes, que criam entre si uma teia de relações. Esta é a razão de não haver propriamente um autor da ação, mesmo que se reconheça que toda ação precisa de alguém que a inicie. Assim, as artes performáticas, como o teatro e a dança, seriam muito mais apropriadas para descrever a política do que qualquer das artes produtivas.

O drama é a mais política das artes porque ele reproduz em cena, na pluralidade de vozes e de personagens, a pluralidade dos agentes que efetivamente participaram de uma situação ocorrida. Este seria o sentido mimético do teatro a que Aristóteles se referiu em sua *Poética*. A encenação possibilita ao público, representado no teatro grego pelo coro, apreender o significado de determinado acontecimento.

Enquanto nas atividades produtivas tudo deve servir para o bem da obra, são as personalidades individuais que se manifestam na ação. Enquanto a fabricação resulta em um produto ou um *quê*, a ação tem o poder de revelar um *quem*. Enquanto o processo produtivo se esconde em benefício da obra, o aparecimento de uma personalidade só ocorre no jogo em que os diversos agentes interagem. Enquanto o processo produtivo se protege da publicidade e o artista recolhe-se, invisível, em seu ateliê, a vida dos agentes políticos depende da luz intensa da esfera pública. Só a ação, sublinha Hannah Arendt, garante que a identidade de uma pessoa transcenda, em grandeza e importância, tudo que ela possa fazer ou produzir. Nesse sentido, ela é um elemento indispensável da dignidade humana.[52]

Ao sublinhar na experiência política o poder de revelação da identidade singular de cada homem, Hannah Arendt inspirou-se no ideal da fenomenologia de um retorno às próprias coisas, definido por seus mestres Husserl e Heidegger. Desde o início do século XX, os representantes da fenomenologia se empenharam em identificar as formas de experiência que possibilitam um acesso à realidade mais direto do que aquele favorecido pelas ciências e pelo racionalismo moderno. Exploraram dimensões de contato com o real anterio-

---

[52] Hannah Arendt, *A condição humana*, p. 223.

res à reflexão, com o propósito de reencontrar um mundo que uma perspectiva cientificista deixara muito distante. Imaginaram que, se abrissem mão de uma visão excessivamente altiva e abstrata, poderiam considerar as coisas na integridade da sua aparência. Assim, Husserl reconheceu no "mundo-da-vida", no qual ainda não impera a cisão entre sujeito e objeto, a possibilidade desse reencontro. Heidegger recorreu à poesia e aos fragmentos dos pensadores pré-socráticos, ainda não impregnados de doutrinas acabadas, para trilhar o caminho de um "pensamento mais pensante", não afastado das coisas.

Para Hannah Arendt, também a experiência política tem esse poder de revelação. O capítulo dedicado à ação, de *A condição humana*, no qual são apresentadas as bases de sua teoria política, começa com o subtítulo "A revelação do agente no discurso e na ação".[53] Na ação e no discurso revela-se *quem* os indivíduos são. A disposição de mostrar-se dos homens é possibilitada pelo exercício de uma atividade específica: a ação compartilhada por uma pluralidade de agentes. Sem essa pluralidade, não haveria possibilidade do reconhecimento da personalidade de cada indivíduo. O contexto em que se dá esse reconhecimento é a esfera pública.

Também a natureza imprevisível e espontânea da experiência política não pode ser avaliada quando os critérios do *homo faber* são aplicados ao domínio da ação. Hannah Arendt observou que todo processo produtivo é organizado com vistas a alcançar determinado resultado. Por esse motivo, ele é o domínio do cálculo, do planejamento, da previsibilidade.

---
[53] *Ibidem*, p. 188.

Não há ocasião para surpresas no processo produtivo. Do ponto de vista da relação com o tempo, o trabalho tende para o futuro — momento em que será alcançado o resultado previsto. O produto final, obtido a partir do ponto em que o fabricante deu o último toque, importa muito mais do que a própria atividade que o produziu.

Toda atividade produtiva é uma intervenção que transforma uma matéria dada, com o recurso de instrumentos, em um produto final. Em toda intervenção dessa ordem, algum grau de violência está presente: é preciso destruir uma árvore para fazer uma mesa, por exemplo. Por outro lado, todo processo produtivo pode ser desfeito — aquilo que é construído pode também ser destruído. A reversibilidade é uma qualidade inerente da atividade da fabricação.

Em toda fabricação está contido um elemento de violência. Toda construção tem como contrapartida a destruição. O fabricar e o destruir participam da mesma natureza. Por este motivo, a teoria da ação de Hannah Arendt não contém nenhuma referência à violência, que é totalmente relegada ao domínio instrumental. O poder que emana da associação política dos homens é essencialmente não violento. Este é o argumento desenvolvido em *Reflexões sobre a violência*, de 1969.[54] O ensaio opõe-se à tendência comum nos movimentos de esquerda dos anos 1960 de legitimar a violência como instrumento de libertação das populações exploradas do Terceiro Mundo e de dar continuidade, por uma via mais radical, às reivindicações da revolta estudantil de maio de 1968.

---

[54] Hannah Arendt, *Sobre a violência*.

Para Hannah Arendt, a importância dada à violência por essas novas orientações da esquerda só conduziria ao esvaziamento do seu conteúdo político. Sua avaliação dos descaminhos das grandes revoluções modernas — a francesa e a russa — também foi feita a partir desses critérios. Além disso, a obra de Maquiavel, central sob tantos aspectos para sua teoria política, foi objeto de questionamento: a filósofa recriminou no florentino seu realismo político, que validava o recurso à violência como instrumento do poder do príncipe.[55]

Sob muitos aspectos, a teoria da ação de Hannah Arendt pôs em evidência o contraste entre as atividades do fazer e do agir: ao sublinhar a diferença entre o modo de ser previsível do fazer e a imprevisibilidade, até o ponto do milagre, da ação; ao distinguir o modo de intervenção do trabalho, que sempre depende de uma matéria dada e de instrumentos para alcançar um resultado, do poder inaugural de iniciar processos, característico do agir.

Ao considerar a capacidade inaugural da ação, Hannah Arendt notou que o próprio fato do nascimento dos homens é a condição básica do agir. Em uma bela passagem de *A condição humana*, esclareceu: "Por constituírem um *initium*, por serem recém-chegados e iniciadores em virtude do fato de terem nascido, os homens tomam iniciativa, são impelidos a agir."[56]

Enquanto o trabalho é movido pela busca de um objetivo, a ação é pura espontaneidade. Relativamente à dimensão

---

[55] Hannah Arendt, "Que é autoridade?", *Entre o passado e o futuro*, p. 184-186. Hannah Arendt, "Notas sobre a política e o Estado em Maquiavel", *Lua Nova*, p. 298-302.
[56] Hannah Arendt, *A condição humana*, p. 190.

temporal, o homem, ao agir, não está condicionado pela expectativa de uma situação futura, como acontece no caso da atividade da fabricação. A ação é uma intensificação da experiência presente. Ela é instantânea; é a mais fugaz das atividades humanas. Os processos que ela inicia, porém, são irreversíveis, e a iniciativa de um agente tem efeitos que perduram por todo o tempo em que ainda repercute na ação de outros agentes. Isto pode durar muito tempo, e até mesmo ser interminável.

PROMESSA E PERDÃO

Hannah Arendt apresentou, em *Sobre a revolução* (1963), um resumo da sua concepção da ação. Em uma importante passagem do livro, ela destacou os aspectos essenciais dessa atividade que é a matéria da vida política. Em primeiro lugar, considerou o caráter inaugural do agir — o fato de ele dar início a processos. Em seguida, sublinhou a natureza instantânea da ação, que tem a ver com sua imprevisibilidade, chamada no texto de arbitrariedade. Além disso, a passagem contrasta o curso da ação com o necessário encadeamento causal das atividades produtivas e propõe uma caracterização da sua dimensão temporal.

> Faz parte da própria natureza de um início que ele traga em si uma dose de completa arbitrariedade. Não só o início não está ligado a uma sólida cadeia de causas e efeitos, uma cadeia em que cada efeito se torna imediatamente a causa de futuros desenvolvimentos, como ainda não há nada, por as-

sim dizer, a que ele possa se segurar; é como se saísse do nada no tempo e no espaço. Por um momento, o momento do início, é como se o iniciador tivesse abolido a própria sequência da temporalidade, ou como se os atores fossem lançados fora da ordem temporal e de sua continuidade.[57]

Como lidar com essa medida de absoluta imprevisibilidade inerente à ação? Frequentemente, desde a Antiguidade, os teóricos que refletiram sobre a política recuaram diante desse fato e preferiram encarar a ação como uma forma de fabricação — uma atividade cujos critérios são muito mais seguros. No entanto, para Hannah Arendt, este seria o momento de invocar a capacidade humana de prometer. A promessa também é uma manifestação da ação. Ela envolve o acordo entre uma pluralidade de agentes, os quais, fiando-se apenas em sua palavra, reagem à ordem sempre incerta e surpreendente dos negócios humanos. A promessa é a base sobre a qual se estabelecem os pactos e os tratados, e representa uma aposta no valor da palavra humana. Sua importância foi, inicialmente, reconhecida pela Bíblia, e entre os romanos ela ganhou forma jurídica. O *Gênesis* exalta a figura de Abraão porque ele foi a tal ponto inclinado a firmar pactos que, finalmente, o próprio Deus aceitou ter com ele uma aliança, reconhecida na obrigação da circuncisão.

Enquanto a promessa é a maneira humana de responder à imprevisibilidade da ação, o perdão tem a ver com seu aspecto de irreversibilidade. Os processos desencadeados pelas iniciativas dos agentes da ação não podem ser desfeitos, como

---

[57] Hannah Arendt, *Sobre a revolução*, p. 264.

acontece no caso da fabricação. Desse modo, o único recurso de que os homens dispõem para lidar com essa situação é a faculdade de iniciar de novo, assegurada pelo perdão. O perdão não desfaz os processos já iniciados. Ele constitui, para os agentes, a possibilidade de se libertarem das consequências de seus atos. Por isso, o perdão é o contrário da vingança, que aprisiona ao passado. O fato de o perdão ter origem religiosa — nos ensinamentos de Jesus — dificultou o reconhecimento da sua importância para a política. No entanto, ele está na base do poder dos governantes de comutar a pena de morte, do preceito de poupar a vida dos vencidos na guerra e faz parte da natureza de todas as formas de anistia. Essencialmente, o perdão não é uma mera reação a uma situação, como a vingança, mas é um novo ato, que liberta tanto quem perdoa quanto quem é perdoado.

POLÍTICA E MORAL

Também o preconceito com a política derivado da crença na existência de um vínculo de subordinação da política à moral foi questionado por Hannah Arendt. Na época da redação de *Introdução à política* era comum a afirmação de que a política é um jogo sórdido que poderá levar à catástrofe nuclear e, por consequência, à destruição da humanidade. Além disso, muitas vezes foi dito que é preciso conformar a política a padrões morais.

Os argumentos de Hannah Arendt contra essa posição foram apresentados, sobretudo, em dois momentos de sua obra: no ensaio "Que é liberdade?", incluído em *Entre o passado e o futuro*, originalmente uma conferência feita em Chicago, em 1960, e na segunda parte de *A vida do espírito*, a série das Gifford Lectures dedicada a "O querer", publicada postumamente.

A elaboração de um novo conceito de política exigiu o exame crítico de duas linhagens do pensamento político. Isto foi possível porque Hannah Arendt não estava comprometida com nenhuma doutrina previamente estabelecida. Também por esse motivo, ela pôde abordar aspectos inexplorados das obras do passado, à luz da atual situação de crise da tradição.

De um lado, Hannah Arendt expôs criticamente a vertente do pensamento político que recorreu aos critérios extraídos do mundo do trabalho para definir a natureza da ação. Nessa orientação, enraizada nas concepções dos antigos filósofos gregos ocupados com a busca de um fundamento da autoridade política, a política foi concebida como técnica.

Uma segunda linha de pensamento tem uma matriz cristã. Ela elegeu a liberdade como assunto principal e a considerou um atributo da vontade individual, isto é, um livre-arbítrio. Hannah Arendt mostrou que essa concepção, ao atribuir à liberdade um caráter privado e individual, impediu que se reconhecesse seu aspecto político, necessariamente público e plural. Por isso, o propósito de Hannah Arendt, ao discutir essa orientação, foi desvincular a liberdade da vontade e indicar os limites que separam dois campos da experiência — a moral e a política.

A reconstituição da história da noção de liberdade mostrou que, na Antiguidade, ela não foi uma questão para a filosofia. Na Grécia e em Roma, a liberdade dizia respeito estritamente à vida política. Mais precisamente, ela era considerada sua essência. Ser livre, para os antigos, significava o estado do homem capaz de se mover, de afastar-se da proteção da vida doméstica e ingressar em um mundo no qual estabelecia contato com seus iguais, por meio de palavras e da ação. Apenas com o advento do cristianismo, com Paulo e Agostinho, concebeu-se o vínculo da liberdade com a experiência volitiva, o qual se tornou tema de investigação para os filósofos. Para o cidadão grego ou romano, a liberdade era uma qualidade do "eu posso", e não, como pretendeu mais tarde o cristianismo, do "eu quero".[58] A liberdade, para este cidadão, dizia respeito a uma das dimensões da *vita activa* — a política — e não aos dramas da vontade, que são da ordem da moral.

O questionamento da noção cristã de liberdade como um atributo da vontade foi decisivo para Hannah Arendt, uma vez que ela reconhecia que, por essa via, poderia superar os entraves que dificultavam a definição do seu estatuto político. Esse procedimento crítico desdobrou-se em alguns passos.

De imediato, chamou sua atenção o fato de a liberdade, identificada com o livre-arbítrio, ter sua sede na vida íntima de cada indivíduo, em sua alma. Sendo assim, seu exercício ocorreria em um contexto estritamente individual e privado. Para Hannah Arendt, a política envolve a presença de uma pluralidade de agentes. Além disso, uma vez que a liberdade é a razão de ser da política, ela sempre deverá ter uma manifestação pública.

---

[58] Hannah Arendt, *A vida do espírito*, p. 468.

POLÍTICA

Os capítulos iniciais de *A condição humana* contêm uma topologia das atividades humanas que insiste nessa tese. Cada atividade do homem — o labor, o trabalho e a ação — ocupa uma posição em uma escala que vai desde o mais protegido e menos iluminado ambiente privado até a esfera pública, na qual os homens aparecem como agentes da ação. Assim, a atividade do labor, da qual depende a continuidade da vida humana, precisou ser protegida no interior do lar, e ela logo se desfiguraria, caso fosse exposta à luz da publicidade. Também a atividade do trabalho pode se realizar em um ambiente privado, dentro das oficinas e das fábricas, e os operários só assumiram um papel relevante na cena política quando puderam se organizar em associações independentes do processo produtivo, o que só ocorreu, na Europa, na segunda metade do século XIX.

A ação, exclusivamente, depende da existência da esfera pública para ser exercida. Uma vez que ela é a atividade por meio da qual os homens revelam uns aos outros suas identidades e em que as personalidades individuais são reconhecidas, ela ocorre em um ambiente de intensa luminosidade, que possibilita que tudo apareça na maior visibilidade. Os critérios exigidos para o desempenho da ação são a pluralidade e a publicidade. O entusiasmo de Hannah Arendt pela expressividade dos gestos e das palavras, o apreço pelo teatro, o peso atribuído aos momentos de aparição pública, atestam a importância que ela atribuía à publicidade para a vida política.

Hannah Arendt também manifestou a preocupação com a distribuição espacial das várias dimensões da existência humana de acordo com a publicidade, ao sublinhar o contraste entre a política e o quase insondável domínio dos sentimentos. Isto aparece no comentário sobre a tendência — notável na história do pensamento político — de relacionar a política a virtudes e vivências claramente não políticas ou mesmo antipolíticas, como a bondade e o amor. As observações críticas sobre o princípio cristão de basear a política na mensagem de Jesus e as referências à incapacidade política característica da história dos judeus apontam nessa direção.

Hannah Arendt nunca investigou de forma detalhada o domínio dos sentimentos, como fez no caso da *vita activa* do homem (que comporta as atividades do labor, do trabalho e da ação) e da vida do espírito (que inclui as atividades de pensar, de querer e de julgar). No entanto, suas observações sobre o amor, embora dispersas, são muito expressivas e provavelmente refletem momentos importantes da sua biografia. Na sua visão abertamente romântica, a intensidade da relação amorosa de duas pessoas faz com que o mundo entre elas desapareça. O amor, sendo a mais íntima das vivências, é também a menos mundana. Na definição de *A condição humana*, ele é a mais poderosa força antipolítica do homem. O amor seria, dessa maneira, o oposto da amizade, que, sendo aberta à publicidade, constitui a fonte da vida política, como pensavam os antigos.

Hannah Arendt concorda com Maquiavel: uma religião do amor, que tem a bondade como principal virtude, como pregam os Evangelhos, e cujo principal cuidado é com a salvação das almas e não com o mundo atual, não pode servir de inspiração para o estabelecimento das instituições políticas.

Em todos os casos mencionados, o critério da publicidade é determinante na avaliação do seu significado político. Os dilemas da vida moral, o amor e o transe religioso são constitutivos da vida humana e conferem a ela uma inigualável intensidade. Eles podem, inclusive, transcender a esfera individual e promover a formação de coletividades — como aconteceu na história das religiões e no caso das populações perseguidas. Entretanto, a ausência de uma dimensão pública impediu que essas associações adquirissem relevância política.

Pelo fato de não se apresentar publicamente e de não exprimir a experiência de uma pluralidade de agentes, a liberdade associada à vontade não possui um significado político. Além disso, um elemento ainda mais decisivo precisa ser considerado: Hannah Arendt mostrou que a identificação da liberdade com o livre-arbítrio, isto é, com o poder de escolher entre duas situações dadas, impede que se note que ser livre tem a ver com a capacidade do homem de iniciar, algo inteiramente novo com sua ação.

AS REVOLUÇÕES MODERNAS

Depois da busca infrutífera de uma definição da liberdade nas obras dos filósofos, Hannah Arendt voltou-se para os homens de ação. Ocupou-se especialmente das figuras mais destacadas das principais revoluções modernas, com a esperança de encontrar nelas uma inspiração. Várias passagens de sua obra referem-se a essas personalidades: os ensaios sobre a autoridade e sobre a liberdade, de *Entre o passado e o futuro*, o capítulo final sobre o querer, de *A vida do espírito*, e, naturalmente, o livro *Sobre a revolução*. A mesma interpretação, com poucas alterações, está presente em todas elas.

Hannah Arendt reconheceu que, ao menos inicialmente, os grandes líderes revolucionários — Robespierre, Thomas Jefferson, Marx, Lenin — conceberam a revolução como a irrupção da liberdade, a que se associava a máxima espontaneidade. Além disso, eles identificavam o evento revolucionário ao momento de instauração de uma ordem política completamente nova. Na França e nos Estados Unidos, no final do século XVIII, e na Rússia, no início do século XX, entendia-se que a história estava começando de novo, e que fatos nunca vistos antes estavam acontecendo e ainda viriam a acontecer. A concepção moderna de revolução dá destaque especial ao elemento da novidade, e esta se liga à afirmação da liberdade.[59]

Por um lado, a fundação de uma nova ordem política manifesta o espírito de novidade característico das modernas revoluções. Por outro lado, em todo evento revolucionário apresentou-se o desafio de assegurar a estabilidade do novo estado de coisas instaurado por ele. O drama do confronto do princípio da novidade com o princípio da estabilidade não apresenta relevância apenas contemporaneamente. Ele afligiu os atores das principais revoluções ao longo da história moderna. O problema que os revolucionários tiveram que resolver foi de como conciliar essas duas preocupações. Para Hannah Arendt, as soluções encontradas, ao desdobrarem-se os processos revolucionários, terminaram por sacrifi-

---

[59] Hannah Arendt, *Sobre a revolução*, p. 63.

car o anseio do novo em nome da manutenção de uma ordem política estável e dotada de durabilidade. E, inclusive nessa direção, não se logrou ter sucesso, como se pôde comprovar nas décadas recentes.

De todas as principais figuras de revolucionários, foi Thomas Jefferson, especialmente, quem inspirou os comentários mais entusiasmados de Hannah Arendt. *Sobre a revolução* discute longamente passagens de seus escritos e, também, suas iniciativas políticas. Esses comentários revelam que os fundadores da república norte-americana vivenciaram fortemente o conflito entre os dois princípios revolucionários da novidade e da estabilidade. O livro menciona a incessante busca, por Jefferson, de instituições políticas capazes de salvaguardar o princípio norteador da revolução para instaurar uma ordem política nova. Ele chegou inclusive a defender a revisão periódica da Constituição, com o propósito de assegurar a cada geração o direito de escolher para si a forma de governo que acreditasse promover melhor a sua felicidade. A certa altura, exclamou: "Até agora não aperfeiçoamos nossas constituições a ponto de arriscar torná-las imutáveis." E prosseguiu: "Podem ser feitas imutáveis? Penso que não."[60]

A busca de Jefferson de instituições políticas apropriadas ao espírito da revolução de começar algo novo reapareceu na criação dos conselhos populares, nas épocas revolucionárias, nos séculos XIX e XX. Em 1870, em Paris, em 1905, na primeira revolução russa, nos *soviets* de antes da consolidação da União Soviética, na Hungria, em 1956, surgiram

---

[60] *Ibidem*, p. 295.

espontaneamente formas de organização que mantinham uma estreita e ainda muito viva ligação com a ação. Elas não eram precedidas ou preparadas pelos eventos revolucionários, mas coincidiam com eles; não eram instrumento da ação e tampouco eram seu resultado. Os conselhos surgiram em oposição à forma de organização dos partidos políticos, que viam na política um meio para efetivar a tomada do poder. A oposição entre o sistema de conselhos e o de partidos traduziu o confronto mais fundamental entre, de um lado, o princípio da ação e da participação, e, de outro, o da representação.

Em todos esses eventos que compõem a história das revoluções modernas, a posição vencedora foi sempre a dos partidos, que viram a ação política como um processo transitório, que precisava ser interrompido com a tomada do Estado. Nos parágrafos finais de *Sobre a revolução*, ao término da descrição do fracasso das experiências revolucionárias, encontra-se a seguinte passagem:

> "Tudo isso e provavelmente muito mais veio a se perder quando o espírito da revolução — um novo espírito e o espírito de iniciar algo novo — não conseguiu encontrar a instituição que lhe seria apropriada. Não há nada que possa compensar essa falha ou impedir que ela se torne definitiva, a não ser a memória e a lembrança."[61]

---

[61] *Ibidem*, p. 349.

UM NOVO INÍCIO

Afirmou-se anteriormente que a concepção de política de Hannah Arendt rompeu com as principais correntes do pensamento político, cuja história teve início com os antigos filósofos gregos. Notou-se em seus escritos o questionamento da doutrina que associa a política à técnica e a reduz a uma questão de governo ou de administração. Também a tese que prega a subordinação da política à moral, de origem cristã, foi objeto de sua crítica, pelo fato de ter restringido o sentido da liberdade ao âmbito individual.

No entanto, outro procedimento também esteve presente na obra de Hannah Arendt: a valorização de certos aspectos da história do pensamento político, que foram reavaliados à luz da situação contemporânea. Essa revisão e a incorporação, muitas vezes surpreendente, em uma teoria nova, de elementos dessa história tornaram-se possíveis devido ao fato de Hannah Arendt nunca ter ficado presa às posições tradicionais.

Foram três os principais elementos destacados. O primeiro foi a noção de milagre, presente nos Evangelhos, que foi tomada por Hannah Arendt como modelo para a caracterização da natureza imprevisível da ação. O segundo elemento tem a ver com a recuperação do sentido original, pré-filosófico, das expressões grega e latina que designam a ação. Ele também contribuiu para a definição do caráter inaugural do agir. O terceiro elemento encontra-se em uma passagem de *A cidade de Deus*, de Agostinho de Hipona, cujo tema é o propósito da criação do homem por Deus.

Todos esses elementos contribuíram para esclarecer o significado da ação — a atividade que é a matéria da vida política. O milagre teve, originalmente, um valor religioso. Ele consiste na intervenção divina que, de forma abrupta, altera o curso dos acontecimentos e faz eclodir algo de novo. Além disso, Hannah Arendt mostrou que o milagre também ocorreu no plano dos processos naturais. As súbitas alterações que ocasionaram o surgimento da Terra, da vida orgânica e, finalmente, do próprio homem, podem ser vistas como milagres. Trata-se, nesses casos, de ocorrências inesperadas que irrompem em um contexto no qual os processos naturais são caracterizados pela previsibilidade. Por outro lado, ao ser considerada a história humana, o milagre adquire um aspecto singular, pois apenas neste caso é possível falar de um fazedor de milagres. De modo análogo ao que acontece nos processos naturais que se desdobram sem interrupção as chances de o dia de amanhã, na história humana, ser igual ao de hoje são esmagadoras. Não fossem as iniciativas dos agentes, que interrompem o curso da história e trazem consigo a novidade, a vida dos homens se desdobraria de forma monótona e implacável. Essas iniciativas são o fruto da liberdade — a capacidade que os homens têm de iniciar, que continuará a ser seu dom, enquanto a condição humana não for alterada.

O segundo elemento abordado por Hannah Arendt consistiu na recuperação do sentido original da palavra *ação* nas línguas grega e latina. Isto exigiu que se levasse em conta uma dupla transformação. Inicialmente, a ação era designada por meio de duas expressões — *archein* e *prattein*, em grego, e *agere* e *gerere*, em latim —, a que correspondiam dois momentos da atividade. *Archein* queria dizer iniciar e ser o primeiro, *agere* significava pôr em movimento. Por sua vez, *prattein* queria dizer acabar ou realizar e *gerere* significava conduzir. A primeira transformação ocorreu quando se passou a entender a ação a partir do significado dos segundos termos mencionados — acabar e conduzir. A segunda transformação se deu com a mudança de sentido do primeiro termo: *archein* passou a designar *governar* e *agere*, liderar. Com essa dupla transformação, perdeu-se a possibilidade, inclusive linguística, de se considerar o poder de instauração do novo que está contido na ação. A recuperação do significado da expressão "ação", que foi perdido pela tradição, contribuiu para firmar uma concepção da política que destaca o princípio da novidade.

Precisamente esta característica inaugural da ação é o assunto da passagem de *A cidade de Deus*, de Agostinho de Hipona, lembrada por Hannah Arendt: "Para que houvesse um começo o homem foi criado, sem que antes dele ninguém o fosse." [62]

Hannah Arendt deve ter ficado especialmente impressionada com este trecho, pois ele é mencionado em vários de seus escritos — no final de *Origens do totalitarismo*, em *A condição humana*, no capítulo sobre a ação, em *Entre o passado e o futuro*, no ensaio sobre a liberdade e, finalmente, em *A vida do espírito*, no capítulo conclusivo, que trata do "abismo da liberdade".

Assim, essas referências estão presentes desde a primeira até a última obra, e sempre em momentos decisivos. Em

---

[62] Hannah Arendt, *A vida do espírito*, p. 486.

A condição humana, aparece no núcleo do capítulo sobre a ação — o mais importante do livro; em *Origens do totalitarismo*, no ensaio sobre a liberdade; e em *A vida do espírito*, nos momentos finais, quando algo como um raio de luz parece iluminar os "tempos sombrios", como geralmente acontece nos livros de Hannah Arendt.

Também chama a atenção o fato de Hannah Arendt nunca ter feito um comentário detalhado sobre essa passagem. É verdade que em *A condição humana* ela fornece alguns esclarecimentos breves, porém muito importantes. Afirma que a expressão usada pelo filósofo para designar o começo é *initium*, e não *principium*, que também aparece no livro. *Principium* designa o começo do mundo, mas aqui não se trata de um momento inicial propriamente, dado que, antes da criação do mundo, já havia outras criaturas, como os anjos. *Initium*, por sua vez, apresenta toda a radicalidade de uma inauguração, pois, "antes de o homem ser criado, ninguém o foi", afirma o filósofo. E Hannah Arendt acrescenta: "Trata-se de um início que difere do início do mundo; não é o início de uma coisa, mas de alguém que é ele próprio um iniciador. Com a criação do homem, veio ao mundo o próprio preceito do início; e isso, naturalmente, é apenas outra maneira de dizer que o preceito da liberdade foi criado ao mesmo tempo, e não antes, que o homem." [63]

---

[63] *Ibidem*, p.190.

CAPÍTULO III A vida do espírito

> "Quem o mais profundo pensou,
> ama o mais vivo."
>
> HÖLDERLIN

Neste capítulo abordarei os escritos de Hannah Arendt dos últimos anos, que tratam das atividades do espírito — o pensar, o querer e o julgar. Eles foram reunidos em dois livros publicados depois de sua morte, ocorrida em 1975: *A vida do espírito* e *Lições sobre a filosofia política de Kant*. *A vida do espírito* é um livro inacabado. As duas primeiras seções — sobre o pensar e sobre o querer — foram redigidas pela autora e parcialmente revistas por ela. A terceira parte não foi escrita. Hannah Arendt anotou apenas as duas epígrafes que abririam a seção dedicada ao julgar. A primeira é um verso do poeta latino Lucano: "A causa dos vencedores agrada aos deuses, mas a dos vencidos, a Catão." A segunda é uma passagem do *Fausto*, de Goethe: "Pudesse eu rejeitar toda a feitiçaria,/ Desaprender os termos de magia,/ Só homem ver-me, homem só, perante a Criação,/ Ser homem valeria a pena, então."⁶⁴ O verso de Lucano soa enigmático, já que não elucida a ligação com uma investigação acerca do juízo. Claramente, a fala de Fausto tem a ver com o assunto que será discutido neste capítulo: o vínculo de complementaridade das atividades de pensar e de julgar.

Muitas vezes, Hannah Arendt se referiu à natureza crítica e depuradora do pensamento, ao seu poder de pôr em evidência e de destruir as opiniões, doutrinas e convicções aceitas sem exame. Para ela, esse questionamento tem um efeito liberador sobre outra faculdade — a de julgar. Ao liquidar, com sua força corrosiva, os preconceitos e hábitos mentais — como a feitiçaria e a magia mencionadas por Goethe —, a atividade de pensar possibilita ao juízo apreender, de forma desimpedida, o aspecto singular de cada coisa.

A visão da concepção de Hannah Arendt do vínculo entre o pensamento e o juízo fica prejudicada pelo fato de *A vida do espírito* não ter sido completado. Para tentar sanar essa dificuldade, foi editado, em 1982, *Lições sobre a filosofia política de Kant*. O livro reúne aulas e palestras do início dos anos 1970 sobre a *Crítica da faculdade do juízo*, de Kant, que seria a principal referência para a elaboração de uma teoria do juízo.⁶⁵

Na exposição do argumento deste capítulo, levarei em consideração o conteúdo dessas lições e de outros textos de Hannah Arendt sobre o juízo. O conjunto da exposição descreverá o movimento, em duas direções, de *A vida do espírito*, em sua abordagem dos temas do pensamento e do juízo.

---

⁶⁴ Goethe, *Fausto*, p. 430.
⁶⁵ Hannah Arendt, *Lições sobre a filosofia política de Kant*.

A primeira dessas direções diz respeito à retirada do pensamento do mundo das aparências. Todas as atividades do espírito — o pensar, o querer e o julgar — pressupõem a suspensão do envolvimento com a vida prática. Elas ocorrem em uma espécie de estado de quietude, que contrasta tanto com a atenção exigida pelas tarefas cotidianas quanto com as paixões que movem a alma. Em um primeiro momento, o pensamento efetua essa retirada. Em seguida, a atividade espiritual concentra-se na consideração dos eventos singulares. O juízo é a expressão da capacidade humana de discriminar e de avaliar as situações que se apresentam a cada momento. Pode-se afirmar, em uma formulação ainda imprecisa, que a atividade do espírito retira-se do mundo pelo pensamento e, em seguida, retorna a ele pelo juízo.

HISTÓRIA DO LIVRO

Já em 1967, em uma anotação do seu diário, Hannah Arendt mencionou o propósito de examinar a vida do espírito.[66] Planejava completar o livro de 1958, *A condição humana*, com um segundo volume chamado, naquele momento, de *A condição humana II*, dedicado às atividades de pensar, querer e julgar. Essa primeira aproximação do assunto orientou o percurso de toda a investigação: o livro de 1958 é o marco a partir do qual a nova obra foi planejada.

Hannah Arendt dedicou *A condição humana* à investigação das atividades do labor, do trabalho e da ação, que

---
[66] Hannah Arendt, *Journal de Pensée*, vol. 2.

correspondem à existência do homem como um ser condicionado. O labor corresponde à condição biológica do homem, pois serve para suprir suas necessidades vitais. Ele provê os homens de alimentos e assegura sua reprodução. O trabalho corresponde ao artificialismo da existência humana. Ele constitui o meio de os homens acrescentarem ao ambiente um conjunto de artefatos produzidos por suas mãos. Por sua vez, a ação corresponde ao fato de os homens terem uma existência plural, isto é, de viverem na companhia uns dos outros.

Como caracterizar as atividades espirituais relativamente a essas condições? Os homens não dependem nem do pensar, nem do querer, nem do julgar para assegurar sua existência no mundo. Seria inclusive mais certo afirmar o contrário: toda vez que eles se põem a pensar ou exprimem seus anseios pela vontade ou assumem a posição de juízes do que ocorre, dá-se uma interrupção de sua atividade mundana. A vida espiritual não se origina na experiência do homem como ser condicionado. Entretanto, isso não quer dizer que ela seja espontânea, pois ela é a resposta dos homens, no plano espiritual, à sua inserção no mundo.

Em uma conferência de 1953, "Compreensão e política", Hannah Arendt já tinha exposto essa tese em outros termos. A compreensão, isto é, o pensamento, não é parte da ação e também não corresponde a qualquer exigência do homem inserido no mundo. No entanto, ela permite dotar de significado os acontecimentos, e por esse motivo apresenta-se como uma resposta a eles. A compreensão ensina "a lidar com o que irrevogavelmente passou e reconciliar-se com o que inevitavelmente existe." Ela consiste no outro lado da ação, completou Hannah Arendt, de forma sintética.[67]

Os anos em que Hannah Arendt escreveu *A vida do espírito* foram de declínio. Mais de uma vez, ela se referiu a esse momento da sua vida com as palavras de Goethe, que via no envelhecimento a "gradual retirada da aparência".[68] Na mesma época, fez um comentário sobre os autorretratos dos grandes mestres da pintura Leonardo e Rembrandt, feitos na velhice, nos quais notava que "a intensidade dos olhos parece iluminar e presidir um corpo que vai desaparecendo".[69] Esta foi, também, uma época de perdas inconsoláveis. Em 1969, morreu o amigo e mestre, desde o tempo de universidade, Karl Jaspers e, em 1970, o marido, Heinrich Blücher. Isso não a impediu de continuar a sentir a vida com intensidade. Como confessou em uma carta, ela sabia que "os cavalos ainda poderiam facilmente escapar de suas mãos".[70]

Tudo indica que, após o agitado período da polêmica em torno da publicação de *Eichmann em Jerusalém*, Hannah Arendt tinha chegado a um momento de "tranquilidade desapaixonada", da qual depende o exercício do pensamento — como ela pensava, secundando Hegel.[71] Sentia que agora tinha condições de refletir sobre o significado das descobertas que fizera durante o julgamento de Eichmann, e, especialmente, sobre o que a levara a pôr como subtítulo do livro — *Um relato sobre a banalidade do mal*. Essa reflexão

---

[67] Hannah Arendt, *A dignidade da política*, p. 52.
[68] Hannah Arendt, *A condição humana*, p. 61. Ver também a carta 401 da correspondência com Karl Jaspers.
[69] Hannah Arendt, *A condição humana*, p. 61.
[70] Hannah Arendt, *Correspondence*, carta 401.
[71] Hannah Arendt, *A vida do espírito*, p. 88.

levou-a, finalmente, a formular as perguntas que procurou responder em *A vida do espírito*.

NOTA SOBRE A EDIÇÃO DO LIVRO

A redação de *A vida do espírito* foi lenta e trabalhosa. As primeiras anotações no *Diário de pensamento* relativas aos seus temas são de 1965. Em 1967, já se nota a menção à composição em três partes, dedicadas ao pensar, ao querer e ao julgar. Em 1970, Hannah Arendt deu um curso sobre o livro de Kant, *Crítica da faculdade do juízo*, que seria a principal referência para a teoria do juízo, a ser desenvolvida na terceira parte da obra, nunca redigida. No mesmo ano, pronunciou a conferência "Pensamento e considerações morais", que é uma versão resumida da seção sobre o pensar. Suas intervenções em um seminário, em Toronto, em 1972, indicam que ela estava ocupada, naquele momento, com o exame da atividade do pensar, do *thinking business*, como ela chamou. Hannah Arendt aceitou o convite da Universidade de Aberdeen, na Escócia, para dar, em 1973 e 1974, uma série de palestras, as Gifford Lectures, em uma cátedra ocupada anteriormente por importantes filósofos, como William James, Henri Bergson, Northrop Whitehead, John Dewey, Étienne Gilson e Gabriel Marcel. Preparou para essa ocasião uma primeira série de conferências sobre o pensar, apresentada em 1973. Em 1974, voltou à Escócia para uma segunda série sobre o querer, porém foi interrompida por um ataque cardíaco. No ano seguinte, em Nova York, redigiu a versão completa de *O querer*, e nos dias que antecederam sua morte se preparava para iniciar a seção sobre o julgar.

A edição de *A vida do espírito*, publicada em 1978, foi preparada por Mary McCarthy, amiga e editora, que acrescentou às duas partes sobre o pensar e o querer um apêndice com o material relativo ao julgar, que deveria servir de base para a redação da última parte do livro.[72]

EICHMANN EM JERUSALÉM

Hannah Arendt compareceu ao julgamento de Eichmann, em Jerusalém, em 1960, como correspondente da revista *New Yorker*. Ela explicou ao editor que tinha se interessado pelo trabalho por considerá-lo uma obrigação devida a seu passado.[73] As reportagens foram publicadas no início de 1963 e, em maio daquele ano, reunidas em livro. Em 1964, em uma nova edição, um pós-escrito foi acrescido, que incluía um comentário sobre a polêmica suscitada pela publicação.

Como se sabe, Adolf Eichmann foi o oficial da SS responsável pela deportação dos judeus para os campos de extermínio do leste da Europa. Depois da guerra, ele fugiu para a Argentina, onde viveu com falsa identidade, até ser sequestrado pela polícia secreta israelense e enviado para Israel. Lá, ele foi julgado, condenado e executado, em 1962.

---

[72] A correspondência entre Hannah Arendt e Mary McCarthy foi publicada com o título *Entre amigas*.
[73] Elizabeth Young-Bruehl, *Por amor ao mundo*, p. 296.

A publicação de *Eichmann em Jerusalém* motivou uma enorme controvérsia, que durou muitos anos e tem repercussão até hoje. Na época da sua publicação, Hannah Arendt contou principalmente com o apoio de Karl Jaspers, com quem discutiu o processo Eichmann muitas vezes, e da amiga Mary McCarthy. O psicanalista Bruno Bettelheim também saiu em defesa do livro com uma resenha.[74] No entanto, outros amigos se afastaram. Kurt Blumenfeld, o líder sionista por quem Hannah Arendt tinha grande admiração desde o período de Berlim, foi um deles. Houve também a ruptura com Gershom Scholem, o importante estudioso da Cabala, a quem ela chamava de Gerhard, em alemão. As cartas que eles trocaram são um importante documento para a compreensão de toda a polêmica, pois elas expressam com clareza, e também de forma emocionada, o contraste entre suas posições.

A polêmica em torno de *Eichmann em Jerusalém* envolveu basicamente três pontos. O primeiro tem a ver com a afirmação de Hannah Arendt de que os judeus não opuseram resistência a seus perseguidores. Em várias ocasiões, ela retornou a esse assunto para explicar que o fato de não ter havido resistência dos judeus não tinha nenhuma relação com sua identidade, pois essa atitude tinha sido comum entre muitas populações, em todas as regiões invadidas pelos nazistas. Este esclarecimento não impediu que ela fosse acusada de ter ódio de si própria, e a observação de Gerhard Scholem de que o livro carecia de *Herzenstakt*, de compaixão pelo povo judeu, ia na mesma direção.

---

[74] *Por amor ao mundo* faz a reconstituição da polêmica. Também o artigo de Michael Ezra, "The Eichmann polemics: Hannah Arendt and her critics", *Democratiya*, verão de 2007, traz informações importantes.

O segundo ponto diz respeito ao relato dos depoimentos colhidos no tribunal sobre os episódios de colaboração das autoridades judias com os nazistas. Muitos críticos entenderam que o livro fazia uma acusação genérica de colaboracionismo a todos os judeus da Europa. Hannah Arendt, no entanto, sempre recorria às palavras de uma testemunha durante o julgamento, com as quais concordava: "O povo judeu como um todo se comportou magnificamente. Só a liderança falhou."

O terceiro ponto tem relação com o significado do subtítulo do livro — *Um relato sobre a banalidade do mal*. Os críticos de Hannah Arendt, inclusive Scholem em uma de suas cartas, viram na expressão a afirmação de que eram banais os crimes cometidos por Eichmann. Hannah Arendt respondeu que ela reconhecia que os crimes dos nazistas eram hediondos, mas achava que sua motivação era banal. Eichmann e outros criminosos nazistas não foram motivados por qualquer ideologia, como o antissemitismo ou o racismo, e tampouco estavam pressionados por sentimentos de ódio ou de desprezo pelos judeus. Eles obedeceram às ordens para matar, sem nunca pretender questioná-las.

Hannah Arendt opõs as figuras desses criminosos às de alguns personagens célebres da literatura — Ricardo III, Macbeth, Iago, Caim e Claggart, de *Billy Budd*, de Herman Melville —, todos eles movidos pela inveja ou por um ódio monstruoso. Em contraste com a complexa personalidade desses personagens, a figura de Eichmann era a de um funcionário exemplar. O traço principal de sua personalidade não era a estupidez, mas a irreflexão, isto é, a total incapacidade de submeter os fatos à inspeção do pensamento. Sua compreensão do mundo era convencional.

Assim como aceitara o modo de pensar dominante no período do nazismo, adotou, durante o julgamento, as opiniões ditadas pelo novo ambiente. Hannah Arendt recorreu à expressão "banalidade do mal" para designar a terrível realidade de um crime cometido sem uma motivação profunda. Apenas nesse sentido preciso, o mal cometido por Eichmann foi banal.

Ao se defrontar, no julgamento de Eichmann, com o espantoso fenômeno da banalidade do mal, Hannah Arendt precisou rever as conclusões do livro de 1951, *Origens do totalitarismo*. Em uma carta a Mary McCarthy, do período em que a controvérsia a respeito do livro já se iniciara, ela indicou alguns pontos dessa revisão.[75] Dois deles são especialmente importantes. Em primeiro lugar, ela reconheceu que tinha superestimado o peso das ideologias nas decisões tomadas pelos administradores dos regimes totalitários. Afirmou que poderia ter explorado as pistas abertas no capítulo final do livro, intitulado "Ideologia e terror", pois ali já fazia menção à perda de conteúdo ideológico nos últimos anos do nazismo. Uma espécie de automatismo do terror totalitário se tornara, nos últimos tempos da guerra, mais importante do que o racismo e o antissemitismo. Na carta à amiga, argumentou que até mesmo a eliminação total da população de judeus não impediria que os campos de extermínio continuassem em atividade.

Um segundo ponto dessa revisão tem relação com o uso da expressão "mal radical", presente nas últimas páginas de *Origens do totalitarismo*, para qualificar o nazismo. Depois

---

[75] Hannah Arendt e Mary MacCarthy, *Entre amigas*, p. 154.

de tudo que presenciou no tribunal, Hannah Arendt resolveu não recorrer mais a esse termo e passou a usar em seu lugar a expressão "banalidade do mal", que consta do subtítulo do livro. Contou para a amiga, sem entrar em detalhes, que a mudança envolvia a discussão de uma série de questões que considerava muito difíceis.

Na correspondência com Gerhard Scholem, explicitou a principal dessas questões: era preciso pôr em evidência e compreender o vínculo entre a ausência de pensamento — a total irreflexão que notara em Eichmann — e fazer o mal. Em parte, a origem de *A vida do espírito* reside aí: no propósito de examinar esse vínculo. A carta a Scholem apresenta o problema da seguinte forma:

> Atualmente, minha opinião é de que o mal nunca é "radical", que ele é apenas extremo e que não possui nem profundidade nem dimensão demoníaca. Ele pode invadir tudo e destruir o mundo inteiro precisamente porque ele se propaga como um cogumelo. Ele "desafia o pensamento", como eu disse, porque o pensamento tenta atingir a profundidade, tocar as raízes, e no momento em que se ocupa do mal, frustra-se porque não encontra nada. Esta é sua "banalidade". Apenas o bem tem profundidade e pode ser radical. Mas aqui não é o lugar para aprofundar seriamente essas questões; tenho a intenção de desenvolvê-las mais tarde em um contexto diferente. Eichmann pode muito bem ficar como o modelo concreto do que tenho a dizer.[76]

---

[76] Hannah Arendt, *Les origines du totalitarisme*, p. 1.358.

HANNAH ARENDT: PENSADORA DA CRISE E DE UM NOVO INÍCIO

FONTES DA INVESTIGAÇÃO SOBRE O PENSAMENTO

Hannah Arendt declarou na introdução da primeira parte de *A vida do espírito* que sua preocupação com o assunto do livro teve duas fontes distintas. A primeira foi o processo Eichmann e a descoberta do fenômeno da banalidade do mal, a segunda foi de natureza conceitual.

Em Jerusalém, Hannah Arendt presenciou o julgamento de um homem comum, cumpridor dos seus deveres, que não aparentava ser um sádico, não era um fanático de alguma ideologia e que cometeu o crime tão atroz de enviar milhares de seres humanos para serem executados. O único traço de sua personalidade que, de fato, chamou sua atenção foi a total irreflexão. Naquele momento, ela se perguntou se haveria alguma relação entre cometer aqueles crimes e a absoluta incapacidade de pensar, tão evidente nas reações de Eichmann. Essa situação, que deixara Hannah Arendt aturdida, constitui, em parte, a origem da investigação sobre o pensamento realizada na primeira seção de *A vida do espírito*.

As questões suscitadas por essa situação remetiam ao complexo tema da natureza do mal, um assunto debatido pelos filósofos desde a Antiguidade. Duas principais correntes de pensamento se opuseram a esse respeito. A primeira, iniciada na obra de Platão e retomada pelos pensadores cristãos, afirmava que o mal não tem um estatuto positivo ou uma natureza própria, mas é simplesmente a ausência do bem, assim como o feio é a ausência do belo. A segunda posição entendia o mal como a manifestação de uma entidade negativa, representada em muitas religiões pela figura do demônio.

Hannah Arendt não se filiou a nenhuma dessas posições. Para ela, praticar o mal não consiste na desobediência a preceitos baseados em alguma ideia de bem. Tampouco o fato de tantos crimes hediondos terem sido cometidos significa que o bem não exista. A obediência a preceitos e a códigos de conduta constitui uma necessidade da vida social, e eles podem sempre ser substituídos, da mesma maneira como os hábitos e os costumes em geral. Porém, esse fato não guarda relação com os assuntos de natureza moral que interessavam à filósofa naquele momento.

A visão de Hannah Arendt acerca do problema — que está na base da investigação da primeira seção de *A vida do espírito* — é de que existe uma relação entre praticar o mal e a incapacidade de empenhar-se na atividade de pensar. Na introdução de *O pensar*, essa posição foi expressa na seguinte pergunta: "Seria possível que a atividade do pensamento como tal — o hábito de examinar o que quer que aconteça ou chame a atenção, independentemente de resultados e conteúdo específico — estivesse entre as condições que levam os homens a abster-se de fazer o mal, ou mesmo que ela realmente os 'condicione' contra ele?"[77]

A segunda fonte da investigação sobre o pensamento tem uma natureza propriamente conceitual. Ela se encontra na sentença atribuída por Cícero a Catão, citada no final de *A condição humana* e retomada como epígrafe de *A vida do espírito*: "Nunca um homem está mais ativo do que quando nada faz, nunca está menos só do que quando a sós consigo

---

[77] Hannah Arendt, *A vida do espírito*, p. 20.

mesmo."[78] Para Hannah Arendt, o assunto dessa frase é a natureza do pensamento, enfocada a partir de uma perspectiva pouco usual. Tradicionalmente, o pensamento foi caracterizado pela ausência de atividade, a ponto de, até a modernidade, ele ter sido associado à pura contemplação. A solidão, por sua vez, foi vista como um pressuposto do pensamento. Em desacordo com essa posição, Hannah Arendt entendeu que pensar é uma atividade. Porém, essa atividade não se confunde com nenhuma outra. Por essa razão, um dos propósitos de *A vida do espírito* foi examinar o caráter singular da atividade de pensar. Por outro lado, o estado de recolhimento exigido pelo pensamento não se identifica com a solidão. A atividade de pensar apresenta uma dualidade expressa no diálogo silencioso de si consigo mesmo, que já tinha sido mencionado pelos filósofos, a começar por Platão. Por esse motivo, outro propósito do livro foi avaliar o significado dessa dualidade.

PENSAMENTO E RETIRADA DO MUNDO

A seção de *A vida do espírito* dedicada ao pensamento divide-se em quatro capítulos. Os dois primeiros contêm a tese a partir da qual o argumento do livro se desdobra. O empenho na atividade de pensar envolve a suspensão de todas as demais atividades por meio das quais os homens, por um lado, lidam com o mundo e, por outro, interagem entre si. Nos termos utilizados no livro: pensar é retirar-se do mun-

---

[78] Hannah Arendt, *A condição humana*, p. 338.

do. Como descrever essa retirada? Qual seu significado conceitual? De que modo, ao longo da história, ela foi compreendida pelos filósofos, que sempre tiveram o pensamento como seu ofício? Hannah Arendt ocupou-se dessas questões na primeira seção de *A vida do espírito*.

A tese de que o pensamento ocupa uma posição recuada relativamente ao mundo das aparências é antecedida pela afirmação que abre o livro: o mundo é o que aparece. Ser e aparecer coincidem. A crença na primazia da aparência é o ponto de partida de tudo que se segue na reflexão da filósofa.

Hannah Arendt recorreu às pesquisas do zoólogo e biólogo suíço Adolf Portmann para sustentar sua afirmação. Para ele, a grande diversidade de aspectos que caracteriza a aparência das espécies animais — as diferentes plumagens dos pássaros, a variedade de peles dos animais etc. — contrasta com a homogeneidade e a indistinção dos seus órgãos internos. Essa diversidade não seria explicada por alguma exigência funcional, como a necessidade de reprodução ou de manutenção da vida, mas tem importância em si mesma. Para Portmann, o simples fato de aparecer antecede todas as funções destinadas à preservação do indivíduo e da espécie.[79]

Com certeza, a reivindicação do valor da superfície por Hannah Arendt deveu-se, também, a sua filiação à fenomenologia. As primeiras páginas de *A vida do espírito* acolhem a lição de Heidegger de que o homem pertence ao mundo das aparências e não apenas está situado nele. Também o último livro de Merleau-Ponty — *O visível e o invisível* — foi uma importante referência na explicitação da tese da primazia da

---

[79] Hannah Arendt, *A vida do espírito*, p. 44.

aparência. A fenomenologia opôs-se às doutrinas tradicionais (tanto filosóficas quanto científicas), que supunham a existência de uma realidade profunda e invisível, a qual serviria de suporte para a realidade aparente. Sua proposta de inversão do ponto de vista tradicional confirma a convicção do senso comum de que "a primazia da aparência é um fato da vida cotidiana do qual nem o cientista nem o filósofo podem escapar" e que não pode ser alterado nem pelas mais elaboradas experimentações e pelas teorias mais sofisticadas.[80]

A relevância da afirmação da primazia da aparência para a investigação da vida do espírito é evidente. As atividades espirituais não aparecem, são invisíveis, e estão em uma posição recuada relativamente ao mundo das aparências. Por isso, impõe-se a seguinte interrogação: já que há coincidência de ser e aparecer, como definir a natureza das atividades espirituais que não aparecem? Ao longo da história da filosofia, esta pergunta foi respondida de diversas maneiras pelas várias correntes de ideias.

AS FALÁCIAS METAFÍSICAS

A força extraordinária do pensamento de arrebatar dos cuidados cotidianos e de promover um estado de quietude e de aparente inação motivou a compreensão da realidade dos primeiros filósofos na Grécia. Ela ganhou forma nas teorias filosóficas dualistas, que afirmavam a existência de duas esferas de realidade — o mundo sensível, aparente, que é apreen-

---

[80] *Ibidem.*

dido pelos sentidos, e o mundo ideal, invisível, a que apenas o pensamento tem acesso.

A primeira versão dessa teoria surgiu no platonismo, como destacou Hannah Arendt. Porém, outras doutrinas, inclusive modernas, adotaram essa posição. A solução platônica seguiu um princípio de ordenação vertical. Uma rígida hierarquia comanda a disposição das duas esferas do real. O nível inferior é derivado do nível superior, do qual ele é uma simples cópia. O pensamento precisa deslocar-se da visão das coisas sensíveis até a pura e silenciosa contemplação das ideias. O filósofo deve habitar a morada espiritual, e para isso precisa suspender o contato com o mundo sensível e seus múltiplos apelos. Platão afirmou, em *O banquete*, que o filósofo, pelo fato de habitar essa morada, pode ser chamado de amigo dos deuses. Também por esse motivo ele alcança a única forma de imortalidade acessível aos homens.

A filosofia moderna manteve a solução dualista, mas deu-lhe uma ordenação horizontal. É certo que os filósofos modernos não acreditam mais na capacidade do pensamento de contemplar a verdade situada em um plano superior. A mentalidade moderna desconfia da atitude contemplativa e valoriza a atividade, especialmente a produtiva. Desse modo, a relação dos fenômenos — das coisas que aparecem e têm existência exterior — com a realidade invisível é análoga à que existe entre a coisa produzida e seu produtor. O sujeito — que figura no centro de toda a filosofia moderna — não tem manifestação sensível, mas ele determina as condições do aparecimento de todas as coisas. Descartes foi o pai dessa nova forma de dualismo. Nas *Meditações metafísicas*, ele afirmou a primazia do sujeito pensante, do *ego cogito*, a substância espiritual que possibilita o acesso à realidade exterior, *res extensa*. Outra versão do dualismo moderno encontra-se em Kant. Para ele, o sujeito transcendental não tem realidade fenomênica. Ao mesmo tempo, ele é extremamente produtivo, pois detém os meios para promover o conhecimento dos fenômenos. A tese dualista foi retomada na afirmação da *Crítica da razão pura*, de que as próprias aparências "devem ter uma base que não é, ela mesma, uma aparência". Tudo que aparece deve apoiar-se numa ordem distinta de realidade — a das "coisas em si".[81]

Hannah Arendt considerou falaciosas as doutrinas dualistas. A seu ver, não existem dois planos de realidade. No entanto, ela observou que a sobrevivência dessas doutrinas, ao longo dos séculos, indica que elas eram expressão de uma experiência humana fundamental — a de pensar

As teses dualistas são uma interpretação do processo de retirada do pensamento do mundo das aparências. Elas descrevem essa retirada como o deslocamento do espírito de uma primeira posição, situada no mundo aparente, para outra, onde se encontra a morada invisível das ideias ou da subjetividade, no caso da filosofia moderna.

Para os defensores dessas teses, o lugar para onde o pensamento se desloca tem o valor de uma segunda aparência. Isto mostra que até mesmo as doutrinas metafísicas dependem ainda de noções baseadas no senso comum, o qual identifica o real com a aparência e supõe que todas as coisas estão inseridas em um contexto espacial bem delimitado. A posição dualista assumiu que os critérios espa-

---

[81] *Ibidem*, p. 58.

ciais necessários para lidar com o que se passa na vida cotidiana seriam válidos também para a atividade de pensar. Isto explica o uso frequente da expressão "morada do pensamento" por tantos filósofos. A expressão traduz a crença de que o pensamento ocupa um lugar determinado. Ainda que a morada do pensamento seja invisível, ela teria ainda uma dimensão espacial, do mesmo modo como o mundo das aparências é visto, em geral, como a morada habitual dos homens.

O questionamento por Hannah Arendt da perspectiva dualista tradicional ganhou forma na seguinte pergunta: será possível que os critérios espaciais que orientam a vida cotidiana, com seus múltiplos afazeres, condicionam também a atividade extraordinária do pensamento? A resposta de *A vida do espírito* é claramente negativa. As características da atividade de pensar não justificam as interpretações dualistas, as quais ampliam o alcance dos critérios espaciais até as atividades espirituais. Quais seriam, então, as características da mais pura das atividades espirituais?

CARACTERÍSTICAS DO PENSAR

Todas as atividades espirituais — o pensar, o querer e o julgar — dependem de certa quietude, de uma "tranquilidade desapaixonada", associada por Hegel à "cognição meramente pensante". Esse estado de espírito assemelha-se ao desinteresse característico da experiência estética, como Kant observou em sua *Crítica da faculdade do juízo*. Mais adiante, será indicada a importância atribuída por Hannah

Arendt à estética kantiana para a elaboração da noção de juízo político.

Esse estado de quietude não é, propriamente, a condição da vida do espírito. As atividades espirituais não são causadas nem produzidas por ele. Elas também não correspondem às condições do homem inserido no mundo. Os homens, considerados na sua condição biológica, como produtores de bens ou participantes de alguma comunidade política, não necessitam do diálogo silencioso do pensamento. Certamente, o pensamento pode ser despertado pelos acontecimentos vividos pelos homens, mas nunca é condicionado por eles. Assim, o pensar se caracteriza, em primeiro lugar, por não ser condicionado.

Outra característica da atividade de pensar é sua invisibilidade. A seguinte observação encontra-se no *Diário de pensamento*, em uma nota de 1968, quando já estava em preparação o livro que, na época, Hannah Arendt chamou de segundo volume de *A condição humana*: "tudo que é vivo aspira a aparecer (Portmann). Toda atividade se manifesta — mas não o diálogo silencioso do pensamento, nem o querer, nem o julgar. Eles são, sem fazerem necessariamente sua aparição."[82]

Isto significa que o pensamento tem um estatuto ontológico, mas ele é diferente daquele dos entes vivos. Em outra passagem, Hannah Arendt contrastou a descrição dos filósofos epicuristas da vida do pensador como um viver escondido (*lathe biosas*) com o lema de John Adams, um dos fundadores da república americana, que afirmava a máxima

---

[82] Hannah Arendt, *Journal de pensée*.

visibilidade da vida política — *spectemur agendo*. Com essa observação, ela sublinhava, mais uma vez, que o pensamento, em contraste com a experiência política, retira-se do mundo das aparências. A mesma noção está presente na interpretação da intrigante tese da afinidade entre morte e filosofia, retomada pelos filósofos desde a Antiguidade. Para Hannah Arendt, ela seria uma maneira poética de expressar o aspecto de invisibilidade do pensamento: ao pensar, o homem parece morrer para o mundo das aparências.

A reflexão sobre a invisibilidade do pensamento levou Hannah Arendt a acentuar as diferenças entre, de um lado, as atividades espirituais e, de outro, a alma e os sentimentos. O pensar, o querer e o julgar são atividades propriamente invisíveis. Elas não possuem um lar, pois não estão situadas em lugar nenhum. Trata-se de atividades (não de um estado) que podem ser iniciadas e que são interrompidas por algum apelo do mundo. Não apresentam nenhuma expressão exterior. Nenhum traço fisionômico revela que alguém esteja pensando. A distração é sua única manifestação externa. Os sentimentos, ao contrário, são expressivos. Fica-se ruborizado de vergonha, pálido de medo, imobilizado pela angústia. Também é possível afirmar que a alma tem uma localização interna, de forma semelhante ao que ocorre com os órgãos internos. Diz-se, inclusive, que o coração é a sede do sentimento. Ainda outra diferença pode ser referida: a alma é pura passividade; já a vida do espírito está em constante atividade. As paixões tomam o indivíduo e o submetem com sua força, enquanto o pensamento concentra a atenção.

Outra característica do pensar aparece na seguinte passagem: "A vida do espírito na qual faço companhia a mim mesmo pode ser sem som; mas nunca é silenciosa...".[83] A lição contida nessa sentença é dupla. Em primeiro lugar, ela ensina que o pensamento não é uma experiência solitária, mas envolve sempre uma dualidade. Esta se realiza no diálogo de si consigo mesmo, que constitui a definição da própria essência do pensamento. Em segundo lugar, ela afirma que o pensar, por ser um diálogo, apresenta uma natureza linguística.

Hannah Arendt destacou a diferença entre a solidão, na qual o indivíduo sente-se abandonado até de sua própria companhia, e o estar-a-sós, que torna possível a experiência do pensamento. O diálogo silencioso de si consigo mesmo, o *eme emauto* mencionado por Platão, tem início quando se está-a-sós. Assim, a atividade de pensar supõe a amizade consigo mesmo, indicada, também, em uma passagem do diálogo *Hípias maior*, atribuído a Platão. No final do diálogo, Sócrates declara a seu interlocutor que vai voltar para casa, onde é aguardado por um amigo que vive a interrogá-lo. Esse amigo é seu outro eu, com quem dialoga. O filósofo explica: "Ele é meu parente próximo e vive na mesma casa." Ao voltar para casa, Sócrates não está solitário, mas está junto a si mesmo, e dá início ao diálogo do pensamento. Muitos séculos depois, Nietzsche descreveu, em um impressionante poema do *Zaratustra*, a passagem do estado de solidão para o de estar-a-sós: "Ao meio-dia, o Um tornou-se Dois... Certos de que venceremos unidos, celebramos a festa das festas; chegou o amigo Zaratustra, o convidado dos convidados."[84]

---

[83] Hannah Arendt, *A vida do espírito*, p. 93.
[84] Hannah Arendt, *Origens do totalitarismo*, p. 529

O exame da natureza dual do pensamento sugere uma primeira aproximação do tema da relação entre o pensamento e o mal. Sem dúvida, a prática de boas ou más ações não resulta da posse — ou da falta — de algum conhecimento ou da adesão a alguma doutrina filosófica. Ela também não deriva da desobediência aos códigos morais. A atenção de Hannah Arendt concentrou-se no exame do significado moral da própria atividade de pensar. Seria ela uma condição que impede a prática das más ações? O pensamento se realiza no diálogo silencioso de si consigo, o qual exige que haja harmonia de dois em um. No caso de um criminoso, esta não seria alcançada, pois quem aceitaria ser seu amigo? Nessa situação, a atividade de pensar não poderia iniciar. Desse modo, a consciência moral articula-se internamente à atividade de pensar. Ela não obedece às instruções ditadas pelo pensamento como uma instância externa, mas depende exclusivamente da harmonia constitutiva do próprio exercício do pensamento. A irreflexão de Eichmann — que Hannah Arendt notara no julgamento em Jerusalém — tem estreita relação com o fato de ele ter cometido os crimes de que era acusado.

O mal foi um assunto que sempre interessou os artistas e os escritores em várias épocas. Em *A vida do espírito*, Hannah Arendt recordou o exame da natureza do mal feito por Shakespeare, ao conceber o personagem de Ricardo III. A certa altura do drama, o poeta descreve a figura do rei, sozinho, em diálogo consigo mesmo. Os dilemas do personagem foram resumidos assim: "De que estou com medo? De mim mesmo? Não há mais ninguém aqui:/ Ricardo ama Ricardo: isto é, eu sou eu./ Há um assassino aqui? Não. Sim, eu:/ Então fujamos! Como? De mim mesmo? Boa razão essa:/ Por medo de que me vingue. Como? Eu de mim mesmo? Ora! Eu me amo. Por quê? Por algum bem/ Que possa ter feito a mim mesmo? Mas não, ai de mim! Eu deveria me odiar/ Pelos atos execráveis cometidos por mim?/ Sou um canalha. Não. Minto; eu não sou./ Idiota, falas bem de ti mesmo: idiota, não te adules."[85]

Porém, mais tarde, Ricardo volta para a companhia de seus pares. O diálogo consigo interrompe-se e, então, ele pode exclamar: "A consciência é apenas uma palavra que os covardes usam,/ Inventada antes de mais nada para infundir temor nos fortes!"[86]

O pensamento é sem som, mas é feito de palavras. Ele tem uma natureza linguística. Assim, não é totalmente correto dizer que o pensamento não tem uma manifestação sensível, pois ele aparece na forma de discurso. O caminho do pensar, feito de palavras, não é linear nem progressivo. Não conduz à visão da verdade ou à intuição silenciosa de uma realidade última e inefável. Já que não tem um fim, o diálogo do pensamento pode sempre ser recomeçado. Daí o recurso à imagem do manto de Penélope para descrever seu modo de ser: o que foi feito de noite é desfeito a cada manhã.[87] O pensamento aparece no mundo na forma de discurso, cujo dom maior é a arte de inventar metáforas. A atividade de pensar vale-se de imagens extraídas da realidade sensível para se referir a entidades abstratas. A história da filosofia contém um enorme repertório de imagens e

---

[85] Hannah Arendt, *A vida do espírito*, p. 212.
[86] *Ibidem*.
[87] *Ibidem*, p. 107.

conceitos construídos a partir dos termos presentes na linguagem ordinária. Por exemplo: as palavras "alma" (*psiche*) e "ideia", usadas na filosofia desde Platão para designar o órgão da percepção puramente espiritual e a essência invisível das coisas, designavam originalmente o sopro de vida exalado pelo moribundo e o modelo mental utilizado pelo artesão para dirigir seu trabalho. Tudo isso levou Hannah Arendt a afirmar: "a filosofia... foi à escola de Homero para imitar-lhe o exemplo."[88] A linguagem do pensamento é naturalmente poética.

Outra característica do pensamento tem a ver com o fato de seu exercício depender do poder da imaginação. A imaginação, definida por Kant como a faculdade de associar representações mesmo na ausência de objetos, apresenta dois aspectos.[89] Eles foram considerados por Hannah Arendt em uma única sentença: toda atividade espiritual repousa na faculdade de tornar presente para o espírito aquilo que se encontra ausente dos sentidos.

Em um primeiro momento, a imaginação promove a retirada do mundo das aparências. Isto é possível porque o poder de imaginar está associado ao processo de dessensorialização das coisas e dos eventos mundanos. O pensamento subtrai o que é pensado da presença imediata. O próximo torna-se distante. As falácias metafísicas baseiam-se em uma compreensão errônea desse efeito de subtração. Elas supõem que o pensamento, ao suspender o contato imediato com o mundo das aparências, desloca-se para outro plano de reali-

---

[88] *Ibidem*, p. 128.
[89] I. Kant, *Crítica da razão pura*, A100.

dade. Para os defensores dessa posição, a atividade de pensar seria condicionada espacialmente.

Em um segundo momento, a imaginação torna presente o que está ausente para os sentidos. Ela aproxima o que está distante. Hannah Arendt ilustrou essa dialética de distanciamento e de aproximação com o mito de Orfeu e Eurídice. Orfeu sustentou a presença da amada ausente com a força da sua lembrança e do seu pensamento, por todo o tempo em que resistiu a voltar-se para trás.

O poema *Orfeu Eurídice Hermes*, de Rilke, descreve com perfeição a angústia experimentada por Orfeu, ao caminhar à frente de Hermes e Eurídice pela trilha que conduz para fora do Hades:

> À frente o homem com o manto azul,
> esguio, olhar em alvo, mudo, inquieto.
> Sem mastigar, seu passo devorava a estrada
> em grandes tragos; suas mãos pendiam
> rígidas, graves, das dobras das vestes
> e não sabiam mais da leve lira
> que brotava do lado esquerdo como um feixe
> de rosas dentre ramos de oliveira.
> Seus sentidos estavam em discórdia:
> o olhar corria adiante como um cão,
> voltava, presto, e logo andava longe,
> parando, alerta, na primeira curva,
> mas o ouvido estacava como um faro.
> Às vezes parecia-lhe sentir
> a lenta caminhada dos dois outros
> que o acompanhavam pela mesma senda.
> Mas só restava o eco dos seus passos

a subir e do vento no seu manto.
A si mesmo dizia que eles vinham.
Gritava, ouvindo a voz esmorecer.

Eles vinham, os dois, vinham atrás,
em tardo caminhar. Se ele pudesse
voltar-se uma só vez (se contemplá-los
não fosse o fim de todo o empreendimento
nunca antes intentado) então veria
as duas sombras a seguir, silentes:

Porém, no momento seguinte, não pôde resistir; voltou-se em busca da "mais amada, essa por quem a lira/ chorou mais que o chorar das carpideiras" e retornou à vida ordinária. O pensamento foi interrompido e a figura de Eurídice se esvaneceu:

Mas pouco além, sombrio, frente à clara
saída, se postava alguém, o rosto
já não reconhecível. Esse viu
em meio ao risco branco do caminho

o deus das rotas, com olhar tristonho,
volver-se mudo, e acompanhar o vulto
que retornava pela mesma via,
o andar tolhido pelas longas vestes,
incerto, tímido, sem pressa.[90]

Não há nessas descrições nada que justifique uma interpretação espacial da interrupção das atividades cotidianas promo-

---

[90] Augusto de Campos, *Rilke: poesia-coisa*.

vida pela atividade de pensar. Mesmo que Rilke mantenha no poema, por fidelidade à lenda, as imagens do caminho e da morada do inferno, a ênfase recai sobre a experiência da dessensorialização assegurada pela imaginação. Se o pensamento é uma experiência extraordinária, isso não decorre de haver um deslocamento na direção de um plano de realidade invisível. Não há uma morada do pensamento. Nietzsche afirmou: "A filosofia é a vida livre entre o gelo das altas montanhas." A frase, ao descrever o cenário em que vive o filósofo, põe em evidência a singularidade da sua existência. Ele é "um homem que constantemente vive, vê, ouve, suspeita e sonha coisas extraordinárias".[91] A experiência extraordinária do pensar não promove um distanciamento da realidade, mas constitui uma alteração da maneira de se relacionar com ela. Eichmann não teve acesso a essa experiência de ruptura com a visão ordinária do real. Ele manteve-se preso ao modo de pensar imposto pelos códigos e regulamentos. Nas circunstâncias da sua vida, isso se mostrou desastroso.

TEMPO DO PENSAMENTO

Um dos capítulos da seção sobre o pensamento de *A vida do espírito* tem por título: "Onde estamos quando pensamos?". À primeira vista, parece que também Hannah Arendt apresenta o problema dentro dos moldes tradicionais de uma investigação sobre o lugar do pensamento. Logo, porém, ela anuncia o duplo propósito dessa parte do livro. Ele consiste

---

[91] Martin Heidegger, *Introdução à metafísica*, p. 43.

no questionamento das formulações usuais relativas a um suposto lugar do pensamento e na indicação de um novo rumo para a investigação, que conduzirá ao exame da sua dimensão temporal.

A metafísica tinha pretendido, com suas teses falaciosas, definir o lugar do pensamento. Essa pretensão moldou tanto a versão tradicional quanto a moderna da teoria dos dois mundos. Para Hannah Arendt, apenas Aristóteles, entre os pensadores clássicos, se deu conta de que o pensamento não é condicionado espacialmente, ao reconhecer que ele não é de *lugar nenhum*. No *Protreptikos*, ele afirmou que uma das vantagens do modo de vida filosófico é não ter um lar, pois a vida teórica (*bios theoretikos*) não necessita de "implementos ou lugares especiais para se realizar".[92]

O homem não é apenas espacialmente condicionado, mas existe também no tempo. A vida espiritual ocorre no tempo. A atividade de pensar lembra e coleta o que não está mais presente e a vontade antecipa e planeja o que ainda não existe. Em uma avaliação equivocada, imagina-se que o pensamento percorre um caminho que se desdobra linearmente, já que ele é discursivo e depende do encadeamento das palavras. Esse desdobramento linear corresponde à compreensão habitual do tempo, a qual transpõe para a ordem temporal a disposição das coisas no espaço. Para essa perspectiva, o tempo é ainda considerado segundo critérios espaciais. A noção de sucessão temporal traduz a de justaposição espacial. No entanto, Hannah Arendt é incisiva. A seu ver, o pensamento não é limitado espacialmente de nenhuma maneira. Desse

---

[92] Hannah Arendt, *A vida do espírito*, p. 222.

modo, também a noção de tempo como sucessão não dá conta do seu modo de ser.

Essas questões motivaram o exame da dimensão temporal do pensamento, que seguiu alguns passos. Em primeiro lugar, esse exame pôs em destaque o fato de o homem viver em um mundo no qual necessita de referências espaciais para se orientar. No contexto da vida ordinária, os eventos temporais situam-se em uma cadeia onde se sucedem o passado que ficou para trás, o presente que está em frente e o futuro que está adiante. Em um segundo passo, observa-se que o pensamento retira-se do mundo das aparências, rompe com a vida ordinária e, desse modo, não é condicionado espacialmente. Visto da perspectiva do mundo das aparências, o pensamento é uma atividade extraordinária. Por último, a investigação considerou a natureza da dimensão temporal própria do pensar. Isto conduziu à afirmação de que o pensamento ocorre no intervalo entre o passado e o futuro.

A exploração de uma dimensão autêntica da temporalidade por autores próximos de Hannah Arendt, como Martin Heidegger e Walter Benjamin, certamente inspirou sua investigação. Porém, precisamente na abordagem do tema da dimensão temporal do pensamento, a filósofa recorreu a uma passagem de Franz Kafka, que sempre chamou sua atenção. Ela a mencionou no prefácio de *Entre o passado e o futuro* e, anos mais tarde, no capítulo final da seção sobre o pensamento de *A vida do espírito*. O aforismo de Kafka, chamado simplesmente *Ele*, é o seguinte:

> Ele tem dois antagonistas: o primeiro empurra-o de trás, a partir da origem. O segundo veda o caminho à frente. Ele luta

com ambos. Na verdade, o primeiro lhe dá apoio na luta contra o segundo, pois ele quer empurrá-lo para a frente; e, da mesma forma, o segundo apoia-o na luta contra o primeiro, pois ele empurra-o para trás. Mas isso é assim apenas teoricamente. Pois não são somente os dois antagonistas que estão lá, mas também ele; e quem conhece realmente suas intenções? Todavia o seu sonho é que, em um momento de desatenção — e isso, é preciso admitir, exigiria uma noite tão escura como nenhuma já foi — ele pulasse para fora da linha de batalha e, graças a sua experiência em lutar, fosse promovido à posição de árbitro da luta de seus adversários entre si.[93]

Hannah Arendt observou que a representação do tempo contida nessa passagem não corresponde ao que se passa na vida cotidiana. Se assim fosse, o tempo não seria partido ao meio, no ponto em que se dá o embate das forças vindas do passado e do futuro, mas seria visto como uma linha contínua. O *Ele*, a figura que interrompe a progressão linear, não tem uma biografia, não é alguém concretamente existente, mas é o sujeito pensante. E o momento no qual *Ele* se insere não é o agora empírico, mas o Presente que está no intervalo entre o passado e o futuro. O Presente é temporal, mas não é um momento da cadeia temporal. Ao contrário, o Presente se instaura quando é abandonada a relação ordinária com as coisas do mundo, na qual elas são avaliadas segundo padrões utilitários e o futuro obriga à marcha progressiva adiante. O tempo presente a que se refere Hannah Arendt envolve a interrupção do tempo da vida de todo dia, mas não constitui um salto para fora do tempo, como ainda imaginou Kafka

---

[93] *Ibidem, A vida do espírito*, p. 224-5.

em seu sonho. Em sentido preciso, a experiência do pensar possibilita o acesso à natureza íntima do tempo.

Experiências extraordinárias — pensar, amar, ser arrebatado pela ação ou apreender poeticamente o mundo — são a oportunidade de um contato com a realidade sem a intervenção dos interesses que regem a vida prática. Por esse motivo, suspensas as expectativas habituais, intensifica-se a vivência do mundo, que surpreende com sua multiplicidade de aspectos.

O QUE NOS FAZ PENSAR?

O terceiro capítulo da seção sobre o pensamento de *A vida do espírito* tem por título a pergunta: "O que nos faz pensar?" Não se trata de uma indagação a respeito das causas ou dos objetivos do pensamento, apesar de muitas vezes ela ter sido formulada desse modo. Para Hannah Arendt, o pensamento não tem uma causa e também não busca um fim, como acontece no caso dos procedimentos cognitivos, como nas ciências.

O capítulo se inicia com a apresentação de algumas respostas a esta questão, dadas ao longo da história. Inicialmente, considera o modo como os primeiros filósofos na Grécia conceberam o pensamento como uma atividade que corresponde ao anseio de imortalidade que esteve presente no cerne da civilização grega. Para os antigos gregos, a imortalidade dos deuses foi o padrão a partir do qual as ações humanas eram medidas. Em um primeiro momento, recorreu-se à poesia e à história para atender a esse anseio, não à filosofia. Poetas e historiadores, ao registrarem em suas obras os feitos e as palavras dos homens, asseguravam a estes uma forma de imortalidade que os aproximava dos deuses. O objetivo da epopeia e da historiografia era garantir a fama imortal dos seus heróis. A filosofia, surgida posteriormente, reconheceu nessa exigência o seu pressuposto, mas alterou substancialmente seu conteúdo. O ser a que os filósofos passaram a se referir como objeto de sua investigação não é imortal como os deuses, mas, mais do que isso, é eterno. Ele não apenas não morre, mas também não foi criado nem teve um nascimento. O ser dura para sempre. Ao mesmo tempo, descobriu-se que o pensamento, em sua forma mais pura, como contemplação (*nous*), tem o poder de apreender essa realidade duradoura. A filosofia desbancou os antigos deuses em nome do ser e eliminou a primazia da poesia e da historiografia, ao dar maior valor à apreensão silenciosa de entidades que duram para sempre.

Platão afirmou, em uma passagem do *Teeteto*, que a paixão (*páthos*) do filósofo é o espanto e que não há outra origem da filosofia senão essa. Ele respondeu dessa maneira à indagação "O que nos faz pensar?". Para Hannah Arendt, a solução platônica não perdeu nada de sua plausibilidade, diferentemente do que ocorreu com a resposta mais antiga. Isto explica ela ter sido retomada por tantos autores, sob tantas versões diferentes, ao longo da história da filosofia. Ainda na Antiguidade, Aristóteles a mencionou no início da *Metafísica*, ao afirmar que a paixão de ver está na origem da filosofia. Na modernidade, ela inspirou as filosofias de Leibniz, de Kant e do jovem Schelling. Este indagou: "Por que afinal existe algo, por que não existe o nada?" Contemporaneamente, a mesma pergunta esteve na base da reflexão de

Heidegger, na conferência "Que é metafísica?", e na de Sartre, no romance *A náusea*, considerado por Hannah Arendt a mais relevante contribuição do autor para a filosofia.

No entanto, Hannah Arendt advertiu que, na maioria das vezes, os filósofos viram no espanto não propriamente a origem do pensamento, mas apenas uma etapa de um processo que termina com a aquisição do conhecimento. Nesse caso, ele seria um meio que se extinguiria ao se alcançar determinado resultado. O pensamento não seria mais livre, mas teria uma dimensão instrumental, comprometida com a descoberta da verdade. Nesse ponto, desapareceria seu aspecto desinteressado, o qual seria substituído pela premência do acúmulo de conhecimento.

Um viés instrumental marcou também a resposta dos romanos à pergunta "O que nos faz pensar?". Nesse caso, foram impostos objetivos práticos à atividade de pensar. A filosofia desenvolveu-se em Roma, sobretudo, na época da decadência. As escolas de orientação estoica e epicurista, surgidas naquele momento, viram na filosofia um remédio para as infelicidades do mundo. Os filósofos romanos descobriram que o pensamento, com seu enorme poder de suspender o contato imediato com a vida cotidiana, podia servir de escape dos males da existência. Dedicar-se à filosofia possibilitaria trocar os infortúnios da vida pela quietude da atividade do espírito.

Após examinar todas essas respostas, Hannah Arendt concluiu que os filósofos, ao responderem à questão "O que nos faz pensar?", tiveram em mente uma causa ou um objetivo. Ela observou que eles não levaram em conta o caráter essencialmente não condicionado da vida do espírito. Ao avaliar as respostas dadas ao longo da história, ela deparou, apenas, com uma exceção — Sócrates. Por isso, voltou-se para ele com grande expectativa. Sócrates foi o personagem inaugural da história da filosofia que viu o pensamento não como um procedimento que visa à obtenção de resultados, mas como uma atividade espiritual desinteressada.

Hannah Arendt compôs o retrato de Sócrates a partir dos diálogos aporéticos de Platão, nos quais a argumentação não leva a lugar nenhum ou, até mesmo, gira em círculos. Sócrates se autodenominou, em passagens desses diálogos, um moscardo e uma parteira. Platão o chamou, em outro momento, de arraia-elétrica. Qual a interpretação de Hannah Arendt dessas imagens?

Para ela, a imagem do moscardo diz respeito à pretensão de Sócrates de incitar o pensamento. A picada irritante do moscardo desperta para a reflexão. Por sua vez, a da arraia-elétrica sugere que o pensamento interrompe os afazeres cotidianos. Seu toque tem o poder de suspender a atividade tanto de quem toca quanto de quem é tocado. A imagem de Sócrates como uma parteira acrescenta novo significado. A parteira referida no diálogo ajuda dar à luz apenas fetos mortos, os quais representam as falsas opiniões a que se recorre na vida ordinária. O pensamento expele essas opiniões; tem sobre elas um efeito corrosivo. Pode-se notar que nada nessas imagens indica ser o pensamento uma atividade voltada para a obtenção da verdade ou para a definição de normas para a ação. Em cada uma delas, o pensamento tem um caráter estritamente crítico e destrutivo dos hábitos mentais.

Essa posição é reforçada com a introdução de nova imagem na caracterização do pensamento. Trata-se da metáfora do vento. O pensamento seria como o vento, que, mesmo invisível, tira tudo do lugar. A associação do pensamento à imagem do vento foi introduzida por Xenofonte, em seu comentário sobre Sócrates. Sófocles, em *Antígona*, também a mencionou, ao afirmar que o pensamento é rápido como o vento. Possivelmente, foram essas passagens que inspiraram a avaliação de Heidegger de que Sócrates foi o mais puro dos pensadores. Sócrates se deixou expor ao vento do pensamento, sem nunca pretender reter seu movimento em alguma doutrina ou, mesmo, em uma forma escrita. Heidegger esclareceu este ponto em *A que chamamos pensar?*

> Sócrates não fez outra coisa durante toda a sua vida, inclusive na sua morte, senão se expor aos ventos desse movimento (do pensamento) e aí se manter. Por isso ele é o mais puro pensador do Ocidente. Por isso não escreveu nada. Pois quem, partindo do pensamento, começa a escrever, assemelha-se inevitavelmente aos homens que, diante do vento demasiadamente forte, fogem para um abrigo.[94]

A que se chega ao final dessa seção de *A vida do espírito* dedicada ao pensamento?

Certamente, não a uma definição do pensamento como um procedimento que visa à produção de conhecimento. O pensamento não se reduz ao laborioso trabalho do cientista, que se desdobra progressivamente na busca de resultados. Ele também não serve para intervir no mundo e proporcionar o aperfeiçoamento das condições materiais da vida humana.

---

[94] M. Heidegger, *A que chamamos pensar?*.

Tampouco está a serviço da solução dos enigmas do Universo, como pensavam as grandes doutrinas filosóficas. Também não tem utilidade para ditar normas para a ação nos campos da política e da moral. Por isso, pode-se dizer que a definição de pensamento de Hannah Arendt é claramente negativa.

Essa espécie de contenção característica do pensamento já está indicada na escolha da epígrafe da primeira seção de *A vida do espírito*, que apresenta uma montagem muito livre de passagens tomadas de Heidegger. Ao mesmo tempo, Hannah Arendt observou que não se poderia subestimar o impacto da força crítica e corrosiva do pensamento na destruição das opiniões, dos preconceitos e dos hábitos mentais. Essa atitude foi decisiva para o desdobramento, até o final, da sua avaliação do caso Eichmann e para a elaboração de uma teoria do juízo. A irreflexão de Eichmann se deveu ao fato de ele nunca ter sido capaz de expor-se ao vento do pensamento. A ausência de questionamento das ordens que recebeu bloqueou sua capacidade de julgar, e isso tem relação com o fato de ter cometido os crimes de que foi acusado.

A conclusão a que Hannah Arendt chegou, ao final de sua investigação sobre o pensamento, pode ser resumida da seguinte forma: o componente depurador da atividade de pensar promove a liberação de outra atividade do espírito — o juízo — que permite fazer distinções entre o certo e o errado, o belo e o feio, as quais são indispensáveis na avaliação de tudo que se passa no mundo. O pensamento não tem uma presença mundana, mas o juízo, seu derivado, realiza o movimento de retorno do espírito desde a mais pura abstração até a consideração das coisas singulares. Essa capacidade de julgar os eventos singulares, sem submetê-los a regras gerais, tem importância central para a vida humana.

JULGAR

As primeiras referências de Hannah Arendt ao tema do juízo surgiram na troca de cartas com a amiga Mary McCarthy, em 1954, ocasião em que a escritora mencionava o ceticismo quase ritualístico das pessoas à sua volta — assunto que ela pretendia abordar em um de seus romances. A escritora pediu, então, à amiga filósofa uma orientação para tratar de uma matéria em que não se sentia preparada. A resposta de Hannah Arendt veio sem tardar. Da cidadezinha onde passava as férias de verão, ela enviou uma carta cheia de sugestões, na qual afirmava que o ceticismo geral era expressão do acentuado subjetivismo característico da mentalidade moderna.[95]

Na resposta à amiga, Hannah Arendt argumentou que a dificuldade de julgar do homem contemporâneo se devia a que ele não contava mais com o recurso às fontes a que habitualmente os juízos estavam ligados: a tradição e o senso comum. Ao longo dos séculos de história moderna, cada vez mais, essas fontes se tornaram inacessíveis. Não só a autoridade da tradição, geralmente de cunho religioso, passou a não ser mais acatada, como também ocorreu uma verdadeira perversão do senso comum. Tradicionalmente, o senso comum foi considerado uma espécie de sexto sentido

---

[95] Hannah Arendt e Mary MacCarthy, *Entre amigas*, p. 50-1.

que controla os erros possíveis dos outros cinco sentidos e, também, como o sentimento de pertença a um contexto mundano que os homens partilham entre si. Isto quer dizer que ele apresenta tanto uma dimensão sensualista quanto um aspecto plural, que possibilita ajustar os homens à vida em comum.

O advento da Era Moderna promoveu a descaracterização e o descrédito desse sentimento. O senso comum perdeu seu caráter sensualista, bem como a referência a um contexto plural, e adquiriu uma feição interiorizada e individual. Isto se deu como resultado da perda da confiança na capacidade receptiva da verdade pelos sentidos causada pela revolução científica, no início do século XVII.

O homem moderno reagiu a essa inédita e incômoda situação voltando-se para dentro de si mesmo, em um movimento de acentuada introspecção. Já que não podia mais confiar nos dados fornecidos pelos sentidos, imaginou que devia buscar um ponto de apoio nos conteúdos subjetivos abrigados em sua mente ou em sua alma. Essa atitude marcou a maior parte das filosofias modernas, chamadas por Nietzsche, mais tarde, de "escola da suspeita". Para a mentalidade moderna, o homem não sente mais o mundo, mas apenas a si próprio. O radical processo de privatização e de individualização do senso comum, considerado por Hannah Arendt como uma forma de perversão, conduziu a uma nova definição do seu conteúdo. Ele foi identificado à capacidade mental que todos os homens têm, isto é, ao poder de raciocinar. Nesse momento, pôs-se em questão a existência de um mundo comum, partilhado por indivíduos que o consideram a partir de perspectivas diferentes.

Para assegurar-se da realidade nessa nova situação de ausência de um mundo comum, os homens devem assemelhar-se uns aos outros a ponto de serem indiscerníveis.[96] Essa nova situação determinou o aparecimento das sociedades de massas no século XX, nas quais os homens perdem a capacidade de agir e tornam-se idênticos uns aos outros. Esses homens de massa foram os componentes dos movimentos políticos totalitários e formam, atualmente, a maioria dos habitantes das sociedades de consumo.

Hannah Arendt desenvolveu sua reflexão sobre o juízo a partir desse panorama da Era Moderna, em que se destaca a ruína do senso comum, que constitui a base sobre a qual todo ajuizamento se fundamenta.

HANNAH ARENDT E KARL JASPERS

Em 1926, Hannah Arendt transferiu-se de Marburgo para Heidelberg, onde iria escrever sua tese de doutorado *O conceito de amor em Agostinho*, sob a orientação de Karl Jaspers. As primeiras cartas trocadas entre a aluna e o novo professor dão início a uma relação de amizade e colaboração que só terminou com a morte de Jaspers, em 1969. A volumosa correspondência entre os dois é uma fonte preciosa de informações sobre suas vidas, traz esclarecimentos a respeito de pontos centrais de suas obras e constitui um vibrante depoimento sobre os acontecimentos políticos do segundo pós-guerra.

---

[96] Hannah Arendt, *Journal de pensée*, p. 693.

Hannah Arendt escreveu sobre o amigo dois textos incluídos na coletânea *Homens em tempos sombrios* e proferiu seu elogio fúnebre, em Basel, em 1969. Na *Laudatio*, lida por Hannah Arendt em Frankfurt, em 1958, por ocasião da outorga do Prêmio da Paz, e no elogio fúnebre, ela ressalta a capacidade de julgar de Jaspers, sua disposição de se expor no debate público, e dá menos relevo a sua obra filosófica. Nesses dois textos, a sabedoria de Jaspers é aproximada do discernimento do estadista e sua figura contrasta com a do cientista, já que o filósofo tem de responder por suas opiniões e manter-se responsável por elas.[97]

Hannah Arendt considerava Jaspers a própria consciência da Alemanha no pós-guerra. A seu ver, ele exemplificava, com suas atitudes, a fusão de liberdade, razão e comunicação. Ao apresentar o perfil de Karl Jaspers, Hannah Arendt tinha uma concepção da faculdade do juízo como sabedoria prática, com características muito próximas da *phrónesis* aristotélica, e isso permitiu sua identificação com o discernimento do estadista.

Além disso, Hannah Arendt reconhecia que o pensamento de Jaspers estava fadado a ser político em um sentido particular, que ela pretendia explicitar e discutir em sua teoria do juízo. Este pensamento estava sempre "relacionado intimamente ao pensamento dos outros", mesmo quando tratava de coisas que não eram minimamente políticas. Ele era a confirmação daquela "mentalidade alargada" referida por Kant, que é a mentalidade política por excelência.[98]

---

[97] Hannah Arendt, *Homens em tempos sombrios*, p. 70.
[98] *Ibidem*, p. 73.

LEITURA DE KANT

A menção à noção de mentalidade alargada e sua identificação com um modo político de pensar indicam a leitura muito particular de Hannah Arendt da *Crítica da faculdade do juízo*, de Kant, especialmente da parte sobre o juízo estético, no qual se avalia a beleza de uma coisa. Em uma carta a Jaspers, da mesma época em que lia seu pequeno livro sobre Kant, ela sublinhou a relevância política da *Terceira crítica*. Para ela, a filosofia política de Kant devia ser buscada não na *Crítica da razão prática*, que versa sobre questões de moral, mas na "Analítica da faculdade de julgar estética". Os temas do senso comum, do fenômeno do gosto, tomado como base para o juízo, do modo de pensar alargado, próprio de todo ajuizamento, que faz que alguém possa pensar do ponto de vista dos outros, foram destacados na carta de agosto de 1957.[99] Mais tarde, eles foram retomados, de forma sistemática, nos trabalhos especialmente dedicados a Kant — em uma parte de "A crise da cultura", um dos ensaios de *Entre o passado e o futuro*, e em *Lições sobre a filosofia política de Kant*.

Em "A crise da cultura" e, de forma mais acentuada, nas conferências de 1970 sobre a *Crítica da faculdade do juízo*, que pretendiam seguir mais de perto os ensinamentos de Kant, a capacidade de julgar foi atribuída exclusivamente ao espectador não participante e foi vista como uma das atividades do espírito, junto com o pensar e o querer.

---

[99] Hannah Arendt, *Correspondence*, carta de agosto de 1957, p. 318.

Os depoimentos de alunos e amigos de Hannah Arendt, como o de Mary McCarthy,[100] mostram que ela pretendia chegar a uma compreensão suficiente da natureza do juízo e da sua dimensão política em uma investigação sobre a estética de Kant, uma vez que ela achava que não havia nenhum outro material que pudesse subsidiá-la. As *Lições sobre a filosofia política de Kant* indicam que essa investigação deveria concentrar-se em dois aspectos principais.

Em um primeiro momento, seria sublinhado o fato de Kant ter situado no centro de sua obra sobre estética a figura do espectador, e não a do artista ou do ator. Esse passo da interpretação da *Terceira crítica* deveria resultar na determinação da posição recuada do espectador relativamente à cena ocupada pelos atores, e, por conseguinte, chegaria ao reconhecimento da sua atitude desinteressada. A retirada do espectador do contexto da ação qualifica o juízo como uma atividade do espírito. Como todas as atividades espirituais, o juízo envolve uma operação de dessensorialização dos objetos concretos. Por meio dela, os dados objetivos são suprimidos e deixam de afetar diretamente o sujeito. Em seguida, a imaginação — esse dom quase milagroso de tornar presente uma coisa ausente — intervém para fornecer ao sujeito o material para sua apreciação. Esse, agora, já não se encontra envolvido com os objetos e é capaz de julgar com imparcialidade. O juízo nunca depende de algum interesse teórico, o que significa que as situações particulares a serem avaliadas não são consideradas à luz de um conceito geral. Tampouco intervêm nele critérios

---

[100] Cf. o posfácio de Mary McCarthy em *A vida do espírito*.

de natureza moral, bem como ficam suspensas todas as preocupações utilitárias.

Em uma passagem de "A crise da cultura", Hannah Arendt mencionou a definição kantiana da apreciação estética como a principal referência para a compreensão do juízo em geral, inclusive com suas implicações políticas. Baseando-se em Kant, afirmou que, para julgar alguma coisa, "cumpre primeiro sermos livres para estabelecer certa distância entre nós mesmos e o objeto". E acrescentou: "tal distância não pode surgir a menos que estejamos em condições de esquecer a nós mesmos, as preocupações, interesses e anseios de nossas vidas, de tal modo que não usurpemos aquilo que admiramos, mas deixamo-lo ser tal como o é, em sua aparência."[101]

Esse primeiro aspecto da estética de Kant, ao pôr em relevo as operações de subtração do objeto da apreensão imediata pelo sujeito e de sua representação pela imaginação, assegura as condições de imparcialidade do juízo. Além disso, pelo fato de o juízo ser desinteressado, torna-se possível a abordagem de um segundo aspecto, relativo ao seu caráter intrinsecamente plural. A atitude desinteressada do espectador, já por sua natureza, apresenta-se como a superação do egoísmo e remete à capacidade de pensar de forma comunicativa, isto é, de representar a realidade a partir de uma óptica plural.

Ao sublinhar o fato de o ajuizamento envolver o ponto de vista de uma pluralidade de espectadores e não o de um espectador solitário, Hannah Arendt aproximou-se da *Terceira crítica* no ponto em que esta faz a passagem da definição da qualidade desinteressada do juízo para a consideração da sua

---
[101] Hannah Arendt, *Entre o passado e o futuro*, p. 263.

dimensão quantitativa. Kant e, em seguida, Hannah Arendt notaram que o espectador nunca se contenta em julgar solitariamente, mas tem sempre a expectativa de obter a adesão dos demais.

Assim, a atividade de julgar supõe, inicialmente, a adoção de uma atitude desinteressada da qual resulta a superação do egoísmo. Em seguida, o juízo faz apelo ao senso comum. Este consiste na capacidade de cada espectador de, ao julgar, pôr-se na posição dos demais. Para Kant, o senso comum permite relacionar o juízo individual à razão humana inteira e, desse modo, promove a eliminação das ilusões do homem solitário. Isto ocorre quando o espectador faz abstração das suas condições privadas subjetivas e compara seu juízo com os possíveis juízos dos outros.[102] A vocação comunicativa inscreve-se na própria natureza da atividade de julgar. Essa ideia justificou o comentário de Hannah Arendt sobre as máximas do entendimento humano comum, mencionadas na *Terceira crítica*. A seu ver, das três máximas do entendimento comum — pensar por si (a máxima do Esclarecimento), pensar no lugar de qualquer outro e pensar de forma consequente — a mais importante é a segunda, relativa ao modo de pensar alargado.

JUÍZO, POLÍTICA, MUNDO

Hannah Arendt inspirou-se em Kant ao identificar o senso comum a um sentido comunitário, pois ele possibilita

---

[102] Kant, *Crítica da faculdade do juízo*, p. 82 e seguintes.

a inserção do homem em uma comunidade. Para ela, a formação de uma comunidade política não depende da presença de uma marca social inscrita na natureza do homem, como tinha afirmado Aristóteles no primeiro livro da *Política*, nem da referência a qualquer dado objetivo. Muito diferente disso, essa é a comunidade dos espectadores que julgam e que, de forma entusiasmada, partilham seu julgamento uns com os outros. A existência dessa comunidade depende, exclusivamente, do exercício da capacidade de julgar.

Ao ressaltar, na *Crítica da faculdade do juízo*, as noções de desinteresse e de pluralidade e as faculdades correspondentes da imaginação e do senso comum, Hannah Arendt mostrou que a filosofia política de Kant está contida nessa obra. No entanto, as teses de Hannah Arendt foram além das pretensões do autor da *Terceira crítica*. Em Kant, a pluralidade dos espectadores é representada. Ela resulta do esforço da imaginação do espectador, ao se colocar, idealmente, na posição dos demais. Já para Hannah Arendt, os espectadores formam uma pluralidade efetiva. Ela chega a sugerir, a certa altura de *Lições sobre a filosofia política de Kant*, que a ausência desse passo, em Kant, se deveu às limitações impostas pelo ambiente político da época em que o filósofo viveu — o século de Frederico.[103]

Em sua leitura da *Terceira crítica*, Hannah Arendt deu importância central à tese de que a comunicabilidade do juízo é a base sobre a qual é criado o espaço que possibilita o aparecimento das coisas belas. Ela explicou: "A condição *sine*

---

[103] Hannah Arendt, *Lições sobre a filosofia política de Kant*.

qua non da existência de objetos belos é a comunicabilidade; o juízo do espectador cria o espaço sem o qual nenhum desses objetos poderia aparecer."[104] Em sua exploração dos aspectos políticos da lição kantiana, ela observou que a esfera pública, constituída pela pluralidade dos espectadores, dota as coisas de significado. O contexto em que as coisas dotadas de significado aparecem é o mundo. Ao afirmar essa tese, ela fiou-se na convicção de Kant "de que o mundo sem o homem seria um deserto, e, para ele, um mundo sem o homem significa: sem espectadores".[105]

A reflexão de Hannah Arendt sobre o juízo teve início com o diagnóstico da Era Moderna, que revelou que a crise dos critérios de ajuizamento atravessa toda a sua história. A crise se devia à falência da tradição e à perda do senso comum — as fontes a que os juízos estavam ligados. A perda do senso comum constituiu o fator decisivo do processo de alienação do mundo descrito no prólogo de *A condição humana*, "em seu duplo voo da Terra para o Universo e do mundo para dentro do homem".[106] Em decorrência dessa situação, um acentuado subjetivismo marcou todos os campos da experiência humana e um "ceticismo quase ritualístico" determinou a maneira moderna de pensar — como observou Mary McCarthy.

A partir da leitura da *Crítica da faculdade de julgar*, Hannah Arendt entendeu que o ajuizamento estético imparcial e plural representa a possibilidade de ir além do patamar moderno. Nesse caso, o questionamento dos pressupostos sub-

---
[104] *Ibidem*, p. 81.
[105] *Ibidem*, p. 79.
[106] Hannah Arendt, *A condição humana*, p. 14.

jetivistas da mentalidade atual não depende da referência a qualquer dado objetivo, mas, exclusivamente, da experiência intersubjetiva. Os recursos para se lidar com os impasses presentes no mundo moderno, marcado por toda forma de subjetivismo, estariam na política.

Conclusão

Hannah Arendt passou o primeiro semestre de 1955 na Califórnia, onde deu cursos na Universidade de Berkeley. No final de um dos cursos, recorreu a uma conhecida passagem de Nietzsche, do *Zaratustra*, em que o filósofo afirma, ao referir-se à sua época: "o deserto cresce". Para Hannah Arendt, o diagnóstico de Nietzsche continuava atual. À investigação sobre o totalitarismo, nos anos 1940, seguiu-se o exame do desfecho, na contemporaneidade, da história moderna, em um tempo chamado de sombrio pela filósofa. Este exame indicava que o sentimento de desamparo do mundo experimentado na atualidade não se devia apenas a que não estavam mais disponíveis critérios seguros para dar conta da realidade e nela intervir. Mais grave ainda era o fato de que o próprio mundo perdera estabilidade. A experiência totalitária mostrara que a capacidade de agir dos homens pode ser anulada por um movimento de mobilização total das massas, no qual cada pessoa perde sua individualidade. Nesse caso, o mundo, entendido como "tudo que há entre nós", desaparece. Por outro lado, as modernas sociedades industriais, com a expansão da esfera do labor e a transformação dos bens artificiais produzidos pelo trabalho humano em bens de consumo, são responsáveis pela corrosão do mundo, visto como o conjunto da obra humana.

Em seus livros e artigos, Hannah Arendt não se esquivou de "examinar e suportar o fardo que o nosso século colocou sobre nós". Nessa medida, ela foi uma pensadora da crise. Ao mesmo tempo, a filósofa, ao descartar toda perspectiva determinista, entendeu que tudo poderia ter ocorrido de forma diferente. Por essa razão, sua convicção era de que não cabia se vergar ao fardo dos acontecimentos.

Hannah Arendt dedicou-se, com paixão e em várias direções, a explorar caminhos que apontassem para outros cenários, configurados a partir de novos marcos inaugurais, com o recurso de um renovado poder de iniciar. Nesta altura, a filosofia em que tinha se formado não foi de muita valia, pois sua força tinha se exaurido, exceto em um único caso — a obra de Agostinho, a que ela dedicara sua tese de doutorado. Hannah Arendt encontrou na obra do maior pensador da cristandade a passagem que serviu de inspiração para a elaboração de um novo conceito de ação, o qual sustentou sua compreensão da política: "o homem foi criado para que houvesse um começo".

No esforço de situar e descrever a capacidade humana de iniciar, Hannah Arendt voltou-se também para os homens de ação. Seu livro *Sobre a revolução* destacou a importância, nas revoluções modernas, do aparecimento de formas inéditas de organização, os conselhos operários, os quais, diferentemente dos partidos, vivificam o agir político. O livro sugere que é preciso contar a história dessas experiências, para que sua riqueza não se perca no esquecimento.

CONCLUSÃO

Também a experiência do juízo, que se manifesta no debate público em que os homens expõem suas opiniões, pareceu a Hannah Arendt uma possibilidade de resgate do mundo. Sua leitura da *Crítica da faculdade do juízo*, de Kant, infelizmente inacabada, se orientava para uma aproximação da política e da estética. Ela pensava que existem experiências muito intensas nas quais o homem sente-se vivo na dimensão privada, como o amor e a fé. No entanto, a existência de um mundo que possa ser reconhecido e partilhado *pelos homens* depende do exercício do confronto de diferentes perspectivas, por uma pluralidade de espectadores.

Homens em tempos sombrios é uma das mais belas obras de Hannah Arendt. Ela retratou no livro algumas destacadas figuras da época, na literatura e na política. No prefácio, de 1968, observou que, mesmo no tempo mais sombrio, tem-se o direito de esperar alguma iluminação, que pode não vir de conceitos ou teorias, mas da luz "incerta, bruxuleante e frequentemente fraca" que alguns homens e mulheres farão brilhar nas circunstâncias da sua época. Um feixe de luz idêntico ao que irradia das figuras de Lessing, Rosa Luxemburgo, o papa João XXIII, Karl Jaspers, Waldemar Gurian, Isak Dinesen, Hermann Broch, Walter Benjamin, Bertolt Brecht e Randall Jarrell também se vê na figura de Hannah Arendt.[107] Ele pode iluminar nossa época, mesmo que nossos olhos estejam tão habituados às sombras ou tão ofuscados pelo brilho excessivo dos apelos publicitários.

---

[107] A edição brasileira excluiu o capítulo sobre Waldemar Gurian e acrescentou a importante homenagem "Martin Heidegger faz oitenta anos".

Referências bibliográficas

ADLER, L. *Nos passos de Hannah Arendt*. Tradução de Tatiana Salem Levy e Marcelo Jacques. Rio de Janeiro: Record, 2007.

AGAMBEN, Giorgio. *Homo sacer*. Belo Horizonte: Editora da UFMG, 2004.

ALVES, R. R. *Alienações do mundo*. Rio de Janeiro: Editora PUC-Rio, 2009.

ARENDT, H. *A condição humana*. Tradução de Roberto Raposo. Rio de Janeiro: Forense Universitária, 1991. (Edição revista, 2010.)

_____. *A dignidade da política*. Tradução de Antonio Abranches. Rio de Janeiro: Relume Dumará, 2002.

_____. *A promessa da política*. Tradução de Pedro Jorgensen Jr. Rio de Janeiro: Difel, 2008.

_____. *A vida do espírito*. Tradução de Antonio Abranches, Cesar R. Almeida e Helena Martins. Rio de Janeiro: Civilização Brasileira, 2009.

_____. *Crises da república*. Tradução de J. Volkmann. São Paulo: Perspectiva, 1973.

_____. *Eichmann em Jerusalém*. Tradução de José R. Siqueira. São Paulo: Companhia das Letras, 2000.

_____. *Entre o passado e o futuro*. Tradução de Mauro B. Almeida. São Paulo: Perspectiva, 1972.

_____. *Homens em tempos sombrios*. Tradução de Denise Bottmann. São Paulo: Companhia das Letras, 1987.

_____. *Journal de pensée*. Tradução de Sylvie Courtine-Denamy. Paris: Seuil, 2005.

_____. *La tradition cachée*. Tradução de Sylvie Courtine-Denamy. Paris: Christian Bourgeois, 1987.

_____. *Les origines du totalitarisme*. Paris: Gallimard, 2002.

_____. *Lições sobre a filosofia política de Kant*. Tradução de André Duarte. Rio de Janeiro: Relume Dumará, 1993.

_____. *Men in Dark Times*. Nova York: Harcourt Brace Iovanovich.

_____. "Notas sobre a política e o Estado em Maquiavel". Tradução de Gabriel Cohn. *Lua Nova*, nº 55-56, 2002.

_____. *O que é política?*. Tradução de Reinaldo Guarany. Rio de Janeiro: Bertrand Brasil, 2007.

_____. *Origens do totalitarismo*. Tradução de Roberto Raposo. São Paulo: Companhia das Letras, 1989.

_____. *Sobre a revolução*. Tradução de Denise Bottman. São Paulo: Companhia das Letras, 2011.

_____. *Sobre a violência*. Tradução de André Duarte. Rio de Janeiro: Civilização Brasileira, 1994.

ARENDT, H. e BLÜCHER, H. *Briefe 1936/1968*. Munique: Piper, 1996.

ARENDT, H. e HEIDEGGER, M. *Correspondência 1925/1975*. Tradução de Marco Antonio Casanova. Rio de Janeiro: Relume Dumará, 2001.

ARENDT, H. e JASPERS, K. *Correspondence 1926/1969*. Tradução de Robert e Rita Kimber. Nova York: Harcourt Brace Iovanovich, 1992.

ARENDT, H. e McCARTHY, M. *Entre amigas*. Tradução de Sieni Campos. Rio de Janeiro: Relume Dumará, 1995.

ARISTÓTELES. Ética a *Nicômaco*. Tradução de Leonel Vallandro e G. Bornheim. São Paulo: Nova Cultural, 1991, Coleção Os Pensadores.

_____. *Política*. Tradução de Mário da Gama Cury. Brasília: Editora da UNB, 1988.

REFERÊNCIAS BIBLIOGRÁFICAS

BERLIN, I. *Estudos sobre a humanidade*. Tradução de R. Eichemberg. São Paulo: Companhia das Letras, 2002.

CAMPOS, Augusto de. *Rilke: poesia-coisa*. Rio de Janeiro: Imago, 1994.

CONSTANT, B. "De la liberté des anciens comparée à celle des modernes". In *Écrits politiques*. Paris: Gallimard, 1997.

DESCARTES, René. *Meditações metafísicas*. Tradução de J. Guinsburg e B. Prado Jr. São Paulo: Victor Civita, 1973. Coleção Os Pensadores.

DUARTE, A. *O pensamento à sombra da ruptura*. São Paulo: Paz e Terra, 2000.

ELIAS, N. *A solidão dos moribundos*. Rio de Janeiro: Jorge Zahar, 2001.

EZRA, M. "The Eichmann polemics: Hannah Arendt and her critics". *Democratiya* 9, verão de 2007.

FREITAG, Barbara e ROUANET, Sergio Paulo (orgs.). *Habermas*. São Paulo: Ática, 1980.

GOETHE, J.W. von. *Fausto*. Tradução de Jenny Klabin Segall. Belo Horizonte: Villa Rica, 1991.

HEIDEGGER, M. "La doctrine de Platon sur la vérité". In *Questions II*. Tradução de André Préau. Paris: Gallimard, 1968.

_____. *Introdução à metafísica*. Tradução de Emanuel Carneiro Leão. Rio de Janeiro: Tempo Brasileiro, 1987.

_____. *A que chamamos pensar?*. Tradução de Edgar Lyra. Rio de Janeiro, mimeo.

HILL, Melvin A. (org.). *Hannah Arendt: The Recovery of the Public World*. Nova York: St. Martin's Press, 1979.

HOBBES, T. *Leviatã*. Tradução de J.P. Monteiro e Maria Beatriz N. Silva. São Paulo: Martins Fontes, 2008.

JARDIM, Eduardo. *A duas vozes: Hannah Arendt e Octavio Paz*. Rio de Janeiro: Civilização Brasileira, 2007.

JARDIM, Eduardo e BIGNOTTO, Newton (orgs.). *Hannah Arendt: diálogos, reflexões, memórias*. Belo Horizonte: Editora da UFMG, 2001.

KANT, I. *Crítica da razão pura*. Tradução de Manuela Pinto dos Santos. Lisboa: Fundação Calouste Gulbenkian, 1989.

_____. *Crítica da faculdade do juízo*. Tradução de V. Rohden e A. Marques. Rio de Janeiro: Forense Universitária, 1993.

LAFER, Celso. *A reconstrução dos direitos humanos*. São Paulo: Companhia das Letras, 1988.

_____. *Hannah Arendt – Pensamento, persuasão e poder*. São Paulo: Paz e Terra, 2003.

PLATÃO. *A República*. Tradução Maria Helena R. Pereira. Lisboa: Fundação Calouste Gulbenkian, 1990.

NIETZSCHE, F. *A gaia ciência*. Tradução de Paulo César de Souza. São Paulo: Companhia das Letras, 2001.

PROUST, Marcel. *A la recherche du temps perdu II*. Paris: Gallimard, 1954. Bibliotèque de la Pléiade.

SKINNER, Q. "The republican ideal of political liberty". In *Machiavelli and Republicanism*. Cambridge: Cambridge University Press, 1999.

VOEGELIN, E. "The Origins of Totalitarianism". *The Review of Politics*, vol. 15, janeiro de 1953.

YOUNG-BRUEHL, E. *Por amor ao mundo*. Tradução de Antônio Trânsito. Rio de Janeiro: Relume-Dumará, 1997.

*O texto deste livro foi composto em Sabon,
desenho tipográfico de Jan Tschichold de
1964, baseado nos estudos de Claude
Garamond e Jacques Sabon no século XVI, em
corpo 11/15. Para títulos e destaques,
foi utilizada a tipografia Frutiger, desenhada
por Adrian Frutiger, em 1975.*

*A impressão se deu sobre papel off-white
80g/m² pelo Sistema Cameron da
Divisão Gráfica da Distribuidora Record.*